Ravensburger Naturbücher in Farben

Helge Vedel und Johan Lange

Bäume und Sträucher in Farben

132 Arten aus Wald und Flur

Bearbeitet von Dr. Friedemann Schaarschmidt
Farbtafeln und Textillustrationen
von Ebbe Sunesen und Preben Dahlström

Otto Maier Verlag Ravensburg

Die Reihe der »Ravensburger Naturbücher in Farben«
wird herausgegeben von Hans-Joachim Conert

Es sind erschienen:

Weitere Bände sind in Vorbereitung

Vierte Auflage, 1972
Textteil © 1965 by Otto Maier Verlag Ravensburg
Tafelteil © 1958 by Politikens Forlag, Kopenhagen

Die Originalausgabe »Traer og Buske i Skov og Hegn«
ist erschienen im Politikens Forlag A/S, Kopenhagen

Alle Rechte dieser Ausgabe vorbehalten durch
Otto Maier Verlag Ravensburg
Printed in the Netherlands
by DeIJsel, Deventer 1972
ISBN 3 473 46100 8

Vorwort

Ursprünglich war das Buch von Helge Vedel und Johan Lange für Dänemark geschrieben worden. Innerhalb weniger Jahre ist es in acht weiteren Ländern erschienen.

Die vorliegende deutsche Fassung wurde für unser Gebiet überarbeitet – besonders die deutschen Fundorte ergänzt – und es wurden einige nicht in Dänemark vorkommende Arten aufgenommen. So enthält das Buch jetzt mit 132 Arten alle wichtigen heimischen und in den Wäldern angepflanzten ausländischen Gehölze. Nur auf ganz seltene Arten und einige schwierig zu bestimmende Weiden *(Salix)*, Brombeeren *(Rubus)* und Rosen *(Rosa)* wurde verzichtet. Jede Pflanze wird ausführlich beschrieben und ist nach einem Bestimmungsschlüssel, der jedes Merkmal durch eine Zeichnung erläutert, sicher zu erkennen.

Auf den von Ebbe Sunesen und Preben Dahlström gezeichneten 96 Tafeln sind die Pflanzen im Winter- und im Sommerkleid, sind Zweige, Blätter, Blüten und Früchte in natürlichen Farben dargestellt. Ergänzend zu diesen Tafeln enthält der Textteil zahlreiche Zeichnungen und Verbreitungskarten der wichtigsten Waldbäume; einige davon wurden für diese Ausgabe von Jürgen D. Wirth hinzugefügt.

Möge das Buch vielen Menschen helfen, unseren Wald mit anderen Augen zu sehen, und möge es ihnen ein treuer Begleiter beim Streifen durch Wald und Flur sein.

Frankfurt am Main, Februar 1965

Friedemann Schaarschmidt

Inhaltsübersicht

Bestimmungsschlüssel

Zum Bestimmen der Bäume und Sträucher benötigt man jüngere Zweige mit Blättern. Kann man Blüten oder Früchte erlangen, sollte man auch diese beim Bestimmen verwenden. Der Schlüssel ist so aufgebaut, daß man sich jeweils zwischen zwei, selten zwischen drei oder vier Möglichkeiten entscheiden muß. Die beigefügten Zeichnungen erklären die verwendeten Fachausdrücke.

Ein Beispiel soll in das Bestimmen einführen: Wir haben den Zweig eines Baumes mit großen, netznervigen, gegenständigen und fingerförmig zusammengesetzten Blättern vor uns. Im Hauptschlüssel unter **1** entscheiden wir uns für «Blätter nicht nadel- oder schuppenförmig». Die rechts stehende, fettgedruckte Ziffer verweist uns zu **2**. Die Blätter unseres Zweiges sind «netznervig», wir müssen also unter **3** weitergehen. Hier verweist uns der Gegensatz «Blätter gegenständig» oder «Blätter wechselständig» nach **4**. Unsere Blätter sind fingerförmig «zusammengesetzt», nicht «einfach», wir müssen also **Tabelle II** aufschlagen. Hier finden wir unter **1** den Gegensatz «Blätter fingerförmig» oder «Blätter gefiedert». Wir entscheiden uns für das erste und haben damit die Pflanze bestimmt: es ist die Roßkastanie. Näheres über sie finden wir im Tafel- und im Textteil unter der Nr. 98.

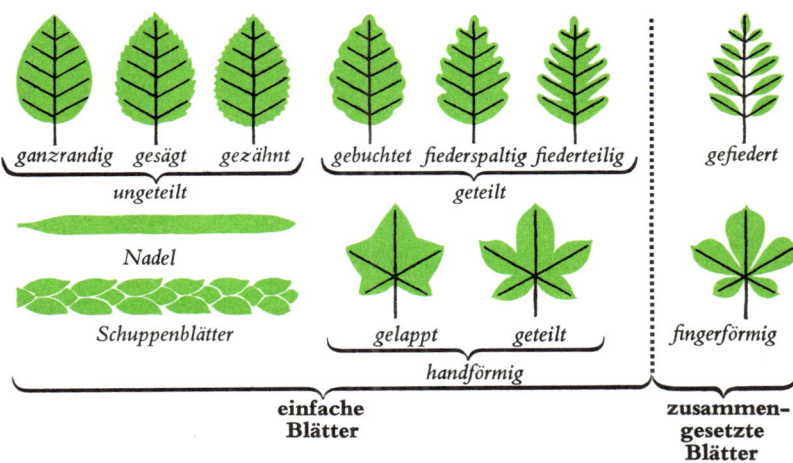

ganzrandig	*gesägt*	*gezähnt*	*gebuchtet*	*fiederspaltig*	*fiederteilig*	*gefiedert*

ungeteilt *geteilt*

Nadel

Schuppenblätter

gelappt *geteilt* *fingerförmig*

handförmig

einfache Blätter **zusammen- gesetzte Blätter**

Hauptschlüssel

1 {
Blätter nadel- oder schuppenförmig . . . . **Tabelle I**
Blätter nicht nadel- oder schuppenförmig **2**
}

2 {
Blätter netznervig **3**
Blätter mit fächerförmig angeordneten Gabelnerven . . . . **Ginkgo** (Nr. 23a)
}

3 {
Blätter gegenständig **4**
Blätter wechselständig **5**
}

4 {
Blätter gegenständig, zusammengesetzt . . . . **Tabelle II**
Blätter gegenständig, einfach . . . . **Tabelle III**
}

5 {
Blätter wechselständig, zusammengesetzt . . . . **Tabelle IV**
Blätter wechselständig, einfach . . . . **Tabelle V**
}

Tabelle I

Blätter nadel- oder schuppenförmig

1 {
Blätter nadelförmig **2**
Blätter schuppenförmig **21**
}

2	Nadeln lang (2,5-15 cm), zu 2 oder 5 in Büscheln (Kurztrieben)........................	.... (Kiefern) **3**
	Nadeln kürzer (1,5-4 cm), zu vielen an Kurztrieben, daneben einzeln an einjährigen Langtrieben	.... (Lärchen) **9**
	Nadeln zu dreien in Quirlen, pfriemlich	**Wacholder** (Nr. 23)
	Nadeln einzeln	............**10**
3	2 Nadeln in jedem Büschel....................	............**4**
	5 Nadeln in jedem Büschel....................	............**8**
4	Zapfen und Seitenzweige nur an den Spitzen der einjährigen Langtriebe	**6**
	Zapfen und Seitenzweige auch in der Mitte kräftiger, älterer Langtriebe	**5**
5	Nadeln etwa 2,5 cm lang, gedreht; Zapfen zugespitzt gedreht, hell graubraun, Samenschuppen ohne Stacheln	**Banks-Kiefer** (Nr. 16)
	Nadeln 2,5-10 cm lang, sehr breit, nur schwach gedreht, Zapfen mehr oder weniger schief, braun, Samenschuppen mit kleinen Stacheln............	**Dreh-Kiefer** (Nr. 17)
6	Nadeln blaugrün, 2,5-7,5 cm lang, Borke des Stammes und der älteren Zweige rötlich-gelb, Zapfen stumpf, graugrün, gestielt	**Wald-Kiefer** (Nr. 13)
	Nadeln dunkelgrün, Borke rötlich, Zapfen ungestielt	**7**
7	Nadeln kurz (2,5-7,5 cm), nicht stechend, Samenschuppen braun und glänzend	**Berg-Kiefer** (Nr. 14)
	Nadeln lang (7,5-15 cm), stechend	**Schwarz-Kiefer** (Nr. 15)
8	Junge Zweige schwach behaart; Zapfen 7,5-20 cm lang, schlank, bananenförmig	**Weymouths-Kiefer** (Nr. 19)
	Junge Zweige dicht braun-filzig, Zapfen 5-7,5 cm lang, tonnenförmig	**Zirbel-Kiefer** (Nr. 18)
9	Samenschuppen am Ende zurückgebogen; Nadeln blaugrün; Langtriebe rötlich-violett bis schwach bläulich	**Japanische Lärche** (Nr. 12)
	Samenschuppen aufrecht, nicht zurückgerollt; Nadeln hellgrün; Langtriebe blaßgelb bis gelblich-braun	**Europäische Lärche** (Nr. 11)
10	Nadeln mit einer deutlichen Mittelrippe auf der dunkelgrünen Oberseite, Unterseite blaßgrün; ohne Zapfen, Vermehrung durch erbsenförmige, von einem roten, fleischigen Mantel umgebene Samen	**Eibe** (Nr. 1)
	Nadeln ohne Mittelrippe auf der Oberseite, flach oder 4kantig; mit Zapfen	**11**

11	Nadeln am Grunde abgerundet mit einer kleinen, runden Scheibe den Zweigen aufsitzend; Knospen dick, Zapfen aufrecht	. . . . (Tannen) **12**
	Nadeln am Grunde nicht scheibenförmig verbreitert, auf kleinen Zweighöckern entspringend	. . . . **15**
12	Nadeln oberseits grün, unterseits mit zwei weißlichen Längsstreifen	. . **13**
	Nadeln beiderseits matt blaugrün bis grün, auf der Zweigunterseite dichtstehend, nach außen und aufwärts gebogen	**Silber-Tanne** (Nr. 4)
13	Nadeln gleichmäßig nach zwei Seiten gerichtet, Zweige deshalb flach	. . . . **14**
	Nadeln nicht nach zwei Seiten gerichtet, einige nach vorn gebogen, Zweige auf der Oberseite gewölbt	**Nordmanns-Tanne** (Nr. 3)
14	Nadeln lang (bis zu 5 cm); junge Zweige meist kahl, mit gelblich-brauner Rinde	**Küsten-Tanne** (Nr. 5)
	Nadeln kurz (bis zu 2,5 cm); junge Zweige mit dunklen kurzen Haaren und grünlicher Rinde	**Weiß-Tanne** (Nr. 2)
15	Nadelhöcker klein; Knospen spitz; Nadeln mit undeutlichen Stielen	**Douglasfichte** (Nr. 9)
	Nadelhöcker abstehend, Nadeln mit deutlichen Stielen	. . **16**
16	Nadeln mit kurzen, grünen Stielen, die mit den Nadeln abfallen	**Westamerikanische Hemlockstanne** (Nr. 10)
	Nadeln mit bräunlichen Stielen, die an den Zweigen bleiben	. . . . (Fichten) **17**
17	Nadeln flach; Zapfen mit weichen, wellig abstehenden Schuppen	**Sitka-Fichte** (Nr. 8)
	Nadeln 4kantig, oft zusammengedrückt; Zapfen mit festen, runden und angedrückten Schuppen	. . . . **18**
18	Junge Zweige kahl	**19**
	Junge Zweige behaart	**Engelmanns-Fichte** (Nr. 8b)
19	Nadeln auf der Zweigunterseite gescheitelt, rein grün, glänzend	**Gemeine Fichte** (Nr. 6)
	Nadeln gleichmäßig um den Zweig stehend	**20**
20	Nadeln an der Spitze stumpf, auf der Zweigoberseite anliegend, bläulichweiß	**Weiß-Fichte** (Nr. 7)
	Nadeln starr, stechend, auf der Zweigoberseite abstehend, dunkelgrün bis silberweiß	**Blau-Fichte** (Nr. 8a)

21	Zapfen kugelig, etwa 1 cm groß, mit schildförmigen Schuppen; Zweigunterseite grün oder mit blassen, weiß-grauen Flecken	**Lawsons Scheinzypresse** (Nr. 22)
	Zapfen etwa 1,5 cm lang, mit sich deckenden Schuppen; Zweige unterseits entweder hellgrün oder mit deutlichen graugrünen Flecken	**22**
22	Blätter mit deutlichen Drüsen, Zweigunterseite hellgrün	**Abendländischer Lebensbaum** (Nr. 21)
	Blattdrüsen undeutlich, Zweigunterseite mit graugrünen Flecken	**Riesen-Lebensbaum** (Nr. 20)

Tabelle II
Blätter gegenständig und aus «Blättchen» zusammengesetzt

1	Blätter fingerförmig, mit 5-7 Blättchen	**Roßkastanie** (Nr. 98)
	Blätter gefiedert	**2**
2	Kletternde Pflanze	**Waldrebe** (Nr. 55a)
	Sträucher oder Bäume	**3**
3	Spitzenknospe schwarz, Blätter aus 7-11 Blättchen zusammengesetzt, Mark dünn	**Esche** (Nr. 110)
	Spitzenknospe graubraun, Blätter aus 5-7 Blättchen zusammengesetzt, Mark dick	**4**
4	Mark weiß, Blüten in flachen Trugdolden, Früchte schwarz	**Schwarzer Holunder** (Nr. 115)
	Mark gelbbraun, Blüten in eiförmigen bis kugeligen Rispen, Früchte rot	**Trauben-Holunder** (Nr. 114)

Tabelle III
Blätter gegenständig und einfach

1	Blätter handförmig geteilt oder gelappt	**2**
	Blätter ungeteilt	**6**
2	Blattstiel bis zu 2,5 cm lang, mit Drüsen; Blüten in flachen Trugdolden; Früchte rot	**Gemeiner Schneeball** (Nr. 116)
	Blattstiel länger, drüsenlos; Früchte geflügelt	(Ahorngewächse) **3**
3	Blattunterseite blaugrün, mitunter rötlich, Knospen und grüne Teile ohne Milchsaft	**Berg-Ahorn** (Nr. 96)
	Beide Blattseiten frischgrün, Knospen und grüne Teile milchsaftführend	**4**

4
Blätter 3lappig, Lappen ganzrandig .... **Felsen-Ahorn** (Nr. 97a)

Blätter 5-7lappig, Lappen gezähnt oder gelappt **5**

5
Blattunterseite kahl, Blätter mit 5-7 zugespitzten 3-5-zähnigen Lappen, Einschnitte rund .... **Spitz-Ahorn** (Nr. 95)

Blattunterseite weichhaarig, Blätter mit meist 5 stumpfen Lappen, mittlerer stumpf 3lappig, Einschnitte spitz .... **Feld-Ahorn** (Nr. 97)

6
Blätter herzförmig, ganzrandig, kahl .... **Flieder** (Nr. 111)

Blätter lanzettlich, eiförmig oder elliptisch **7**

7
Blätter gesägt **8**

Blätter ganzrandig **10**

8
Blätter elliptisch, auf der Unterseite von Sternhaaren dicht graufilzig .... **Wolliger Schneeball** (Nr. 116a)

Blätter nicht filzig behaart **9**

9
Blätter elliptisch-oval, mit 3 Paar bogig zur Spitze laufenden Seitennerven, Zweige oft mit Dornen .... **Kreuzdorn** (Nr. 100)

Blätter elliptisch, mit 7-10 Paar geraden Seitennerven Zweige dornenlos .... **Pfaffen-hütchen** (Nr. 94)

10
Auf Bäumen schmarotzender kleiner Strauch .... **Mistel** (Nr. 67)

Im Erdboden wurzelnde Sträucher **11**

11
Blätter bis 4 cm lang, immergrün .... **Buchsbaum** (Nr. 93a)

Blätter größer, sommergrün **12**

12
Blätter lanzettlich, kahl .... **Liguster** (Nr. 112)

Blätter elliptisch oder eiförmig **13**

13
Blätter mit 3-5 Paar bogigen Seitennerven, zugespitzt; Blüten in Trugdolden .... **Roter** .. **Hartriegel** (Nr. 109)

Blattnerven nicht gebogen; Blüten entweder zu zweien oder in kleinen Trauben **14**

14
Pflanze windend oder am Boden kriechend; Blüten gelblich bis rötlich, in 2 Büscheln .... **Deutsches Geißblatt** (Nr. 118)

Nichtwindende oder -kriechende Sträucher **15**

15
Blätter und junge Zweige kahl; Blüten rötlich-weiß, Beeren weiß .... **Schneebeere** (Nr. 117)

Blätter und junge Zweige weichhaarig; Blüten gelblich-weiß, zu zweien **16**

Tabelle IV

Blätter wechselständig
und aus «Blättchen» zusammengesetzt

9	Blätter mit Drüsenhaaren auf der Blattunterseite und am Rand, apfelartig riechend	**Wein-Rose** (Nr. 81)
	Blätter kahl, ohne Drüsenhaare, geruchlos	**Hunds-Rose** (Nr. 78)

10	Blättchen 2,5-5 cm lang, kahl; Früchte klein, schwarz...........	**Bibernell-Rose** (Nr. 79)
	Blättchen 2,5-5 cm lang, weichhaarig; Früchte groß und abgeflacht	**Kartoffel-Rose** (Nr. 80)

Tabelle V

Blätter wechselständig und einfach

1	Blätter geteilt oder gelappt	**2**
	Blätter ungeteilt	**17**

2	Blätter handförmig geteilt oder gelappt	**3**
	Blätter fiederspaltig oder -teilig	**10**

3	Mit Ranken oder sproßbürtigen Wurzeln kletternde oder am Boden kriechende Pflanzen..........................	**4**
	Nichtkriechende oder -kletternde Bäume oder Sträucher	**5**

4	Sommergrüne Kletterpflanze, mit Ranken, die den Blättern gegenüberstehen; Blätter hellgrün	**Weinrebe** (Nr. 100a)
	Immergrüne Kletterpflanze, mit Wurzeln kletternd, Blätter dunkelgrün...	**Efeu** (Nr. 107)

5	Bäume	**6**
	Sträucher, Blattunterseite grün	**7**

6	Blattunterseite schneeweiß filzig	**Silber-Pappel** (Nr. 25)
	Blattunterseite grün	**Bastard-Platane** (Nr. 60a)

7	Zweige mit Stacheln	**Stachelbeere** (Nr. 59)
	Zweige ohne Stacheln	**8**

8	Blattunterseite mit kleinen gelben Drüsenhaaren, aromatisch riechend; Beeren schwarz	**Schwarze Johannisbeere** (Nr. 58)
	Blattunterseite ohne Drüsenhaare; Beeren rot	**9**

9	Blätter klein, 3lappig, Unterseite glänzend, Blütenstände aufrecht	**Alpen-Johannisbeere** (Nr. 60)
	Blätter größer, 3-5lappig, Blütenstände hängend	**Rote Johannisbeere** (Nr. 57)

10	Blattunterseite dicht- oder filzhaarig	**11**
	Blattunterseite kahl oder nur schwach behaart	**13**

11

11	Blattunterseite kreideweiß filzig .... **Silber-Pappel** (Nr. 25)
	Blattunterseite grau filzig **12**

12	Blätter fiederspaltig .... **Schwedische Vogelbeere** (Nr. 70)
	Blätter am Grunde gefiedert, im oberen Teil fieder-spaltig................................ **Bastard-Vogelbeere** (Nr. 71)

13	Blätter bis zu 5 cm lang, Sträucher oder Bäume, meist mit Dornen.. (Weißdorn) **14**
	Blätter länger als 5 cm **15**

14	Unterste Seitennerven bogenförmig zur Blattspitze laufend, Blätter meist gelappt .... **Zweigriffeliger Weißdorn** (Nr. 65)
	Unterste Seitennerven zurückgekrümmt, Blätter fiederspaltig .... **Eingriffeliger Weißdorn** (Nr. 66)

15	Blätter mit spitzen Lappen und keilförmigem Grun-de; Knospen braun .... **Rot-Eiche** (Nr. 52)
	Blätter mit runden Lappen; Knospen braun **16**
	Blätter 5-7lappig, mit tiefen, spitzen Buchten und spitzen Lappen, das unterste Paar fast waagerecht ab-stehend; Knospen grün .... **Elsbeere** (Nr. 72)

16	Blätter kurz gestielt, Knospen kurz, dick; Blüten und Früchte lang gestielt................. **Stiel-Eiche** (Nr. 50)
	Blätter lang gestielt, Knospen schlanker, spitz; Blüten und Früchte meist ungestielt .... **Trauben-Eiche** (Nr. 51)

17	Knospen nur mit einer kappenförmigen Knospen-schuppe .... (Weiden) **18**
	Knospen mit mehreren oder ohne echte Schuppen................................ **26**

18	Zweige blau bereift **19**
	Zweige nicht bereift **20**

19	Nebenblätter halb-herzförmig, Zweige leicht ab-brechend .... **Reif-Weide** (Nr. 36a)
	Nebenblätter lanzettlich, Zweige aufrecht, zäh und biegsam .... **Spitzblättrige Weide** (Nr. 36)

20	Blätter kahl oder nur schwach behaart **21**
	Blätter besonders auf der Unterseite behaart **22**

21	Blattoberseite hellgrün mit Spaltöffnungen, Unter-seite graugrün, Zweige leicht zerbrechlich .... **Bruch-Weide** (Nr. 38)
	Blattoberseite ohne Spaltöffnungen, wie die Unter-seite dunkelgrün, glänzend; Zweige nicht zerbrech-lich .... **Lorbeer-Weide** (Nr. 40)

32
{ Blattrand nur an der Spitze gesägt, beim Zerreiben stark riechend . . . . **Gagelstrauch** (Nr. 41)

Der ganze Blattrand fein gesägt, Blätter geruchlos **Weidenblättriger Spierstrauch** (Nr. 61)

33
{ Blätter unterseits grau- oder weißfilzig (bei der Grau-Pappel meist nur die jungen Blätter) **34**

Blätter unterseits nicht filzig **37**

34
{ Blätter ganzrandig kahl; Früchte rot . . . . **Zwergmispel** (Nr. 63)

Blätter gekerbt, gezähnt oder gesägt **35**

35
{ Blattrand doppelt gesägt, unterseits dicht weißfilzig **Mehlbeere** (Nr. 69)

Blattrand doppelt gesägt, unterseits locker graufilzig **Grau-Erle** (Nr. 46)

Blattrand gekerbt-gezähnt **36**

36
{ Blattunterseite schneeweiß filzig, Blätter der kräftigen Triebe 5-lappig . . . . **Silber-Pappel** (Nr. 25)

Blattunterseite weniger dicht graufilzig (ältere Blätter oft kahl), Blätter der kräftigen Triebe nicht 5-lappig . . . **Grau-Pappel** (Nr. 26)

37
{ Blätter dick, lederartig, glänzend, dunkelgrün, Blattrand meist dornig gezähnt . . . . **Stech-palme** (Nr. 93)

Blätter anders gestaltet **38**

38
{ Blätter ganzrandig **39**

Blattrand gesägt **41**

39
{ Blätter regelmäßig fiedernervig, Nerven bis zum Blattrand reichend **40**

Blätter unregelmäßig fiedernervig, Nerven vor dem Blattrand gegabelt; Blätter lederartig, glänzend, dunkelgrün; Pflanze kletternd . . . . **Efeu** (Nr. 107)

40
{ Knospen schlank, spitz, mit vielen Schuppen . . . . . **Rot-Buche** (Nr. 49)

Knospen ohne echte Schuppen, Zweige mit hellen Korkporen besetzt . . . . **Faulbaum** (Nr. 99)

41
{ Blattstiele deutlich flachgedrückt **42**

Blattstiele rund oder meist rund **44**

42
{ Blätter meist kreisförmig, Blattstiele lang . . . . **Zitter-Pappel** (Nr. 24)

Blätter rautenförmig oder dreieckig-oval **43**

43
{ Blätter groß, dreieckig, oft mit 1 oder 2 Drüsen am Blattgrund; große Bäume mit breiter Krone . . . . **Kanadische Pappel** (Nr. 29)

Blätter kleiner, ohne Drüsen am Blattgrund, pyramidenförmiger Baum mit schmaler Krone . . . . **Pyramiden-Pappel** (Nr. 28)

14

58	Blätter bis zu 15 mm lang, meist kreisförmig; ein kleiner Strauch	. . . . **Zwerg-Birke** (Nr. 64)
	Blätter bis zu 5 cm lang, rund, mit kurzer Spitze; Blüten weiß	**Weichsel-Kirsche** (Nr. 89)
	Blätter größer	**59**
59	Blätter kahl, dunkelgrün, breit, abgerundet, an der Spitze gekerbt	**Schwarz-Erle** (Nr. 45)
	Blätter weichhaarig, grün, mitunter kurz zugespitzt, Blattstiele mit Drüsenhaaren	**Haselnuß** (Nr. 48)
60	Blattstiele oder Blattbasen mit Drüsen	. . . . **61**
	Blattstiele und Blattbasen ohne Drüsen	. . . . **64**
61	Blüten und Früchte in langen Trauben	. . . . **62**
	Blüten und Früchte nicht in langen Trauben, aber in kurzen Büscheln	**63**
62	Blätter glänzend, oft etwas ledrig, fein gesägt	**Späte Traubenkirsche** (Nr. 88)
	Blätter matt, gedreht, gröber gesägt	**Gewöhnliche Traubenkirsche** (Nr. 87)
63	Drüsen am Blattstiel, Blattunterseite weichhaarig Blätter doppelt gesägt	**Vogel-Kirsche** (Nr. 84)
	Drüsen am unteren Blattrand, Blattunterseite kahl, Blätter einfach gesägt	**Sauer-Kirsche** (Nr. 85)
64	Seitennerven der Blätter sehr deutlich und bis zum Blattrand führend	**65**
	Seitennerven der Blätter weniger deutlich und vor dem Blattrand endend	**69**
65	Blattrand gewellt-gesägt, Knospen lang, spitz	**Rot-Buche** (Nr. 49)
	Blattrand einfach oder doppelt gesägt	**66**
66	Blattunterseite grau bis blaugrau	**Grau-Erle** (Nr. 46)
	Blattunterseite grün	**67**
67	Blätter bis 12 cm lang, fein und doppelt gesägt, gefaltet	**Hainbuche** (Nr. 47)
	Blätter bis 6 cm lang, oval-rautenförmig, mit kurzer oder langer Spitze	. . . . . . **68**
68	Junge Zweige behaart, Blätter einfach gesägt	**Moor-Birke** (Nr. 43)
	Junge Zweige warzig, Blätter doppelt gesägt	**Weiß-Birke** (Nr. 42)
69	Vielstämmiger Strauch, Blätter 2,5-4 cm lang, oval mit spitzen Zähnen	**Ährige Felsenbirne** (Nr. 64)
	Baum mit schmaler Krone, Blätter 1,5 bis 10 cm lang oval, spitz mit abgerundeten Zähnen	**Berliner Pappel** (Nr. 27)

1. Eibe *Táxus baccáta*
a) Zweig mit Samen im Oktober *b)* Zweig mit männlichen Blüten, März-
April *c)* Weibliche Blüten *d)* Eibengruppe *e)* Bogenschützen des 15. Jahrhunderts
verwendeten Bogen aus Eibenholz *a–c)* M 1:1

2. Weiß-Tanne *Ábies álba*
a) Zweigoberseite *b)* Zapfen *c)* Zapfenachse
d) Samenschuppe mit der ansitzenden
Deckschuppe *e)* Alter Baum *a–d)* M 2:3

19

3. Nordmanns-Tanne

Ábies nordmanniána

a) Zweigoberseite, M 2:3 *b)* Weibliche Blütenzapfen, Mai-Juni, M 2:3 *c)* Zweigunterseite, männliche Blütenknospen, M 2:3 *d)* Zweigstück mit Nadeln, M 1:1 *e)* Zapfen, M 1:5 *f)* Alter und junger Baum

20

4. Silber–Tanne *Ábies prócera*
a) Zweigoberseite, M 2:3 *b)* Zweigunterseite mit männlichen Blütenknospen, M 2:3 *c)* Samenschuppe, M 2:3 *d)* Zapfen, M 1:10 *e)* Baum *f)* Rinde eines jungen Stammes

5. Küsten-Tanne *Ábies grándis*
a) Zweigoberseite, M 2:3 *b)* Zweigunterseite, M 2:3 *c)* Zapfen, M 1:10
d) Rinde des Stammes *e)* Baumgruppe

22

6 a

6 b

6 c

6 d

6e

6 f

6 g

7 a

7 c

7 d

7 b

6 h

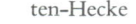

6 g

6. Gemeine Fichte *Pícea ábies*
a) Zweig mit Zapfen, M 2:3 *b)*
Samen, M 1:1 *c)* Zweigstück mit
Nadeln, M 1:1 *d)* Kammfichte
e) Bürstenfichte *f)* Nordlandfichte
g) Verwendung als Weihnachts-
baum *h)* Nonne, *Lymántria mónacha*

7. Weiß–Fichte *Pícea gláuca*
a) Zweig mit Zapfen, M 2:3 *b)*
Zweigunterseite, M 2:3 *c)* Männliche Blüten, M 1:1 *d)* Weiblicher
Blütenzapfen, M 1:1 *e)* Weiß-Fich-
ten-Hecke

7 e

24

8. Sitka-Fichte *Pícea falcáta*
a) Zweig und Zapfen, M 2:3
b) Zweigober- und -unterseite,
M 2:3 *c)* Zwei alte Bäume

8 a

8 c

8 b

9 c

25

10 a   *10 b*   *10 c*

9. Douglasfichte
Pseudotsúga menziésii
a) Zweig mit Zapfen, M 2:3
b) Zweigstück mit Nadeln, M 1:1
c) Gipfel der Krone

**10. Westamerikanische
Hemlockstanne**
Tsúga heterophýlla
a) Zweig mit Zapfen, M 2:3
b) Zweigstück mit Nadeln, M 1:1
c) Älterer Baum

9 b   *9 a*

11 a

11 b

11 c

11 d

11 e

11 f

11 g

11. Europäische Lärche
Lárix decídua
a) Zweig mit Kurztrieben und vorjährigen Zapfen b) Reifer Zapfen c)
Junger, einjähriger Langtrieb d) Männliche Blüten, April–Mai e) Weiblicher
Blütenzapfen f) Baum im Winter
g) Verwendung des Holzes im Schiffsbau a–e) M 1:1

12. Japanische Lärche
Lárix leptólepis
a) Zweig mit weiblichen Blütenzapfen,
April–Mai b) Reifer Zapfen c) Samen
d) Baum im Winter a–c) M 1:1

12 b

12 c

12 a

12 d

28

13. Wald-Kiefer *Pínus silvéstris*
a) Männliche Blüten, Mai-Juni,
M 1:1 *b)* Weibliche Blütenzapfen
und einjähriger Zapfen, M 1:1 *c)* Mitteleuropäische Rasse *d)* Skandinavi-
sche Rasse *e)* Bauten aus Kiefernstämmen *f)* Kiefern-Spanner, *Búpalus
piniárius*, M 1:1

14 c

14 a

14 b

14. Berg-Kiefer *Pínus múgo*
a) Zweigspitze mit jungem Zapfen, M 2:3 b) Reifer Zapfen, M 2:3 c) Zwei
verschiedene Wuchsformen (links die Haken-Kiefer, var. *rostráta,* rechts die
Krummholz-Kiefer, var. *múghus)*

15. Schwarz-Kiefer *Pínus nígra*
a) Zapfen, M 2:3 b) Zweig, M 1:10 c) Alter Baum

15 a

15 c   15 b

16 a

16 b

16 c

17 d

17 c

17 b

17 a

16. Banks–Kiefer
Pínus banksiána
a) Zweig mit jungen Zapfen, M 2:3
b) Reifer Zapfen, M 2:3 *c)* Zweig mit Zapfen und einjährigen Trieben, M 1:6

17. Dreh–Kiefer *Pínus contórta*
a) Zweig mit jungen Zapfen und Knospen, M 2:3 *b)* Nadelbüschel und reifer Zapfen, M 2:3 *c)* Fichtentrieb-Wickler, *Rhyaciónia buoliána*, M 2:3 *d)* Zweig mit Zapfen und einjährigen Trieben. Spitzen vom Fichtentrieb-Wickler befallen, M 1:6

31

18. Zirbel-Kiefer *Pínus cémbra*
a) Zweig b) Nadelbüschel c) Reifer
Zapfen d) Samen e) Alter Baum f)
Verwendung des Holzes a–d) M 2:3

19. Weymouths-Kiefer *Pínus stróbus*
a) Zweigspitze *b)* Zapfen *c)* Nadelbüschel
d) Zweige, M 1:12 *e)* Baumgruppe *a–c)* M 2:3

33

20 c

20 b

20 a

21 b   21 a

20 d   21 c

20. Riesen–Lebensbaum
Thúja plicáta
a) Zweig mit Zapfen b) Reifer
Zapfen c) Samen d) Alter Baum
a–c) M 1:1

**21. Abendländischer Lebens-
baum** *Thúja occidentális*
a) Zweigoberseite, M 1:1 b) Reife
Zapfen, M 1:1 c) Alter Baum

34

22. Lawsons-Scheinzypresse
Chamaecýparis lawsoniána
a) Männliche Blüten, M 1:1 b) Weibliche Blütenzapfen, M 1:1 c) Reife Zapfen, M 1:1 d) Junge Zapfen, M 5:1 e) Zweigunterseite, M 5:1 f) Gipfel eines Baumes g) Silhouette eines Baumes

23. Wacholder *Juníperus commúnis*
a) Zweig mit reifen und unreifen Beerenzapfen, M 1:1 b) Junger Zapfen, M 3:2 c) Zweig mit reifen Beerenzapfen, M 3:2 d) Verwendung e) Typische Wuchsform

22 g

22 a

22 b

22 c

22 f

22 e

22 d

23 b

23 c

23 d

23 e

23 a

Reife Zapfen (M 1:2)

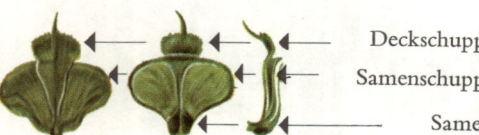

Deckschuppe

Samenschuppe

Samen

Deckschuppe, Samenschuppe und Samen
der Silber-Tanne *a)* von außen *b)* von innen
c) von der Seite

2. Weiß-Tanne 3. Nordmanns-Tanne 4. Silber-Tanne

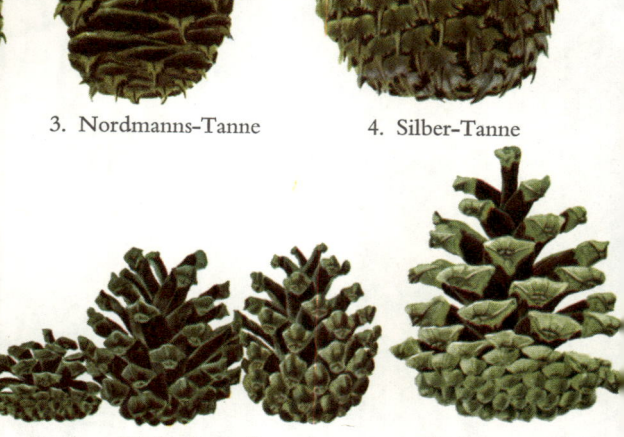

13. Wald-Kiefer 14. Berg-Kiefer (Sumpf-, 15. Schwarz-Kiefer
Krummholz- und Haken-Kiefer)

7. Weiß-Fichte

8. Sitka-Fichte

9. Douglasfichte

10. Westamerikanische
    Hemlockstanne

20. Riesen-Lebensbaum

21. Abendländischer Lebensbaum

22. Lawsons-Scheinzypresse

6. Gemeine Fichte

5. Küsten-Tanne   11. Europäische   12. Japanische
                        Lärche   Lärche

Banks-Kiefer   17. Dreh-Kiefer   18. Zirbel-Kiefer   19. Weymouths-Kiefer

24 a

24 c

24 b

24 d   24 f

25 a

24. Zitter-Pappel
Pópulus trémula
a) Zweig mit Blättern b) Zweig
mit weiblichen Kätzchen c)
Reife Kätzchen d) Spitze eines
Schößlings e) Baum im Winter
f) Das Holz wird zu Zünd-
hölzern verarbeitet a–d) M 1:1

25. Silber-Pappel
Pópulus álba
a) Zweig mit Blättern von der
Unter- und der Oberseite, M 1:1
b) Spitze eines Schößlings, M 1:1
c) Baum im Winter

24 e   *25 c*

25 b

26 a

26 b

26. Grau-Pappel *Pópulus ×canéscens*
a) Zweig mit Blättern, M 1:1 *b)* Spitze eines
Schößlings, M 1:1 *c)* Baum im Sommer *d)* Baum
im Winter

27. Berliner Pappel *Pópulus ×berolinénsis*
a) Zweig mit Blättern, M 2:3 *b)* Baum im Winter

28. Pyramiden-Pappel
Pópulus nígra ssp. pyramidális
a) Zweig mit Blättern, an einem Blattstiel die
gedrehte Galle der Blattlaus *Pemphígus spirothécae,*
M 2:3 *b)* Baum im Winter

A   B

27 a

28 a

Blätter (M 1:3)
A. Zitter-Pappel
B. Silber-Pappel
C. Grau-Pappel
D. Berliner Pappel
E. Pyramiden-Pappel
F. Kanadische Pappel
G. Ontario-Pappel
H. Rauhfrucht-Pappel

26 d

27 b

28 b

C   D   E   F   G   H

29 a

29 b

29. Kanadische Pappel
Pópulus ✕canadénsis
a) Zweig mit Blättern, M 2:3
b) Zweig mit männlichen
Kätzchen, M 1:1 *c)* Unter-
rand eines Blattes mit
Drüsen, M 5:1 *d)* Alter,
gestutzter Baum

29 c

30. Balsam-Pappel
Pópulus balsamífera
a) Zweig mit Blättern, M 2:3
b) Weibliche Kätzchen, M 1:1
c) Baum im Winter

31. Rauhfrucht-Pappel
Pópulus trichocárpa
Zweig mit Blättern, M 2:3

29 d

43

30 a

30 b

31

30 c

32. Sal–Weide *Sálix cáprea*
a) Weibliche Kätzchen im April
b) Zweig mit männlichen Kätzchen
im April *c)* Beblätterter Zweig
d) Baum im März *a–c)* M 1:1

33. Ohr-Weide *Sálix auríta* Beblätterter Zweig, M 1:1

34. Grau-Weide *Sálix cinérea*
a) Männliche Kätzchen, M 1:1 *b)* Beblätterter Zweig, M 1:1 *c)* Strauch im Winter

46

35. Kriech-Weide

36. Spitzblättrige Weide

37. Korb-Weide

38. Bruch-Weide

39. Silber-Weide

38 a   *39 a*

35. Kriech-Weide *Sálix répens*
Beblätterter Zweig und Zweig mit Kätzchen im April, M 2:3

36. Spitzblättrige Weide *Sálix acutifólia*
Zweig mit roter Rinde, Blätter und männliche Kätzchen im März, M 2:3

37. Korb-Weide *Sálix viminális*
Spitze eines beblätterten Zweiges, M 2:3

38. Bruch-Weide *Sálix frágilis*
Spitze eines beblätterten Zweiges, Zweig mit männlichen Kätzchen, Mai-Juni,
und wurzeltreibendes Zweigstück, M 2:3 *a)* Baum im Winter

39. Silber-Weide *Sálix álba*
Spitze eines beblätterten Zweiges und Zweig mit männlichen Kätzchen im
Mai, M 2:3 *a)* Zwei Bäume im Winter, links mit aufrechten, rechts mit hängen-
den Zweigen.
Diese Seite links oben: Verwendung von Weidenholz und -ruten

48

40. Lorbeer-Weide
Sálix pentándra
a) Zweig mit Blättern und weiblichem Kätzchen, Mai-Juni b)
Männliches Kätzchen, Mai-Juni
c) Reife Kapseln im November
d) Strauch im Winter a–c) M 1:1

41. Gagelstrauch
Mýrica gále
a) Weibliches Kätzchen *b)*
Männliches Kätzchen *c)* Beblätterter Zweig eines männlichen Strauches *a–c)* M 1:1

50

42. Hänge-Birke *Bétula péndula*
a) Zweig im Frühjahr, rechts männliches, links weibliches
Kätzchen, M 1:1 *b)* Zweig im Juli mit für das nächste
Jahr angelegten männlichen Kätzchen, M 1:1 *c)* Beblätterter Zweig mit reifem weiblichem Kätzchen, M 1:1
d) geflügelte Frucht, M 4:1 *e)* Dreilappige Fruchtschuppe, M 4:1 *f)* Baum im Winter

43 a

43 b

43 c

43 d

43 e

44. Zwerg–Birke *Bétula nána*
Zweig mit Blättern, M 1:1

43. Moor–Birke *Bétula pubéscens*
a) Zweig mit reifem Fruchtkätzchen, M 1:1 b) Zweig im
Juli mit für das nächste Jahr angelegten männlichen Kätzchen, M 1:1 c) Blühende männliche Kätzchen, M 1:1
d) Geflügelte Frucht und dreilappige Fruchtschuppe, M 4:1
e) Baum im Winter

45 e

45 d

45 g

45 b

45 a

45 c

45 f

53

45. Schwarz-Erle *Alnus glutinósa*
a) Beblätterter Zweig im August mit für das
folgende Jahr angelegten männlichen Kätzchen
b) Vorjähriger Fruchtzapfen *c)* Fruchtzapfen im
August *d)* Blühende männliche Kätzchen im März
e) Blühende weibliche Kätzchen *f)* Junge Bäume
g) Erwachsener Baum *h)* Verwendung als Brennholz zum Trocknen und Räuchern von Fischen,
für Holzschuhe und Spielzeug *a–e)* M 3:4

46. Grau-Erle *Alnus incána*
a) Beblätterter Zweig im September mit für das
nächste Jahr angelegten männlichen und weiblichen Kätzchen. *b)* Reife Fruchtzapfen im September *c)* Vorjährige Fruchtzapfen *d)* Baum im Winter
a–c) M 3:4

45 h

46 b

46 d

46 a

46 c

47. Hainbuche *Cárpinus bétulus*
a) Beblätterter Zweig mit Früchten
b) Blühende männliche Kätzchen
im Mai c) Blühendes weibliches
Kätzchen d) Baum im Winter e)
Stammquerschnitt f) Verwendung
des Holzes
a–c) M 3:4

48. Hasel *Córylus avellána*
a) Blühende männliche Kätzchen,
Februar-April *b)* Weibliche Blüten
c) Beblätterter Zweig mit männlichen Kätzchenknospen und reifen
Nüssen im Oktober *d)* Nüsse,
Wild- und Kulturform *e)* Strauch
im Vorfrühling *a–d)* M 3:4

56

49. Rot-Buche *Fágus silvática*
a) Lang– und Kurztrieb mit Blättern, M 2–3 *b)*
Blühendes männliches Kätzchen im Mai, M 2:3
c) Weiblicher Blütenstand, M 2:3 *d)* Früchte
(Bucheckern), M 1:1 *e)* Keimpflanze, M 2:3 *f)*
Baum im Winter *g)* Baum im Sommer *h)* Verwendung der Früchte und des Holzes

57

g   e   h

58

a

b

59

50. Stiel-Eiche *Quércus róbur*
a) Beblätterter Zweig mit männlichen Kätzchen im Mai,
M 1:1 *b)* Zweig mit Blättern und Eicheln. Ein Blatt trägt
Kugelgallen, M 1:1 *c)* Baum im Sommer *d)* Verwendung
des Holzes

60

a

b

51. Trauben-Eiche
Quércus petráea
a) Zweig mit Blättern
und Eicheln, M 2:3 *b)*
Bäume im Winter

52. Rot–Eiche *Quércus rúbra*
a) Blätter, M 2:3 *b)* Zweig mit
zwei Generationen von Früchten, M 2:3 *c)* Farbe des Herbstlaubes, M 2:3 *d)* Reife Eichel
mit Becher, M 1:1 *e)* Junge
Eichel, die erst im folgenden
Jahr reift, M 1:1 *f)* Borke des
Stammes *g)* Baum im Herbst

53 a

53 c

53 b

53 d

53. Berg-Ulme *Úlmus scábra*
a) Zweig mit Blättern, M 2:3
b) Blütenstände im April, M 1:1
c) Flügelfrucht, M 1:1 *d)* Baum
im Winter

54. Feld-Ulme
Úlmus carpinifólia
a) Zweig mit Blättern, M 2:3 *b)*
Blütenstand, April–Mai, M 1:1
c) Flügelfrucht, M 1:1 *d)* Knospe, M 1:1 *e)* Baum im Sommer

55. Flatter-Ulme
Úlmus láevis
a) Zweig mit Blättern, M 2:3
b) Blütenstand, April–Mai,
M 1:1 *c)* Flügelfrucht, M 1:1
d) Knospe, M 1:1 *e)* Baum
im Winter. Die übrigen Bäume
sind Berg-Ulmen

54 c

54 d

55 c

55 d

54 a

54 b

55 a

55 b

55 e

54 e

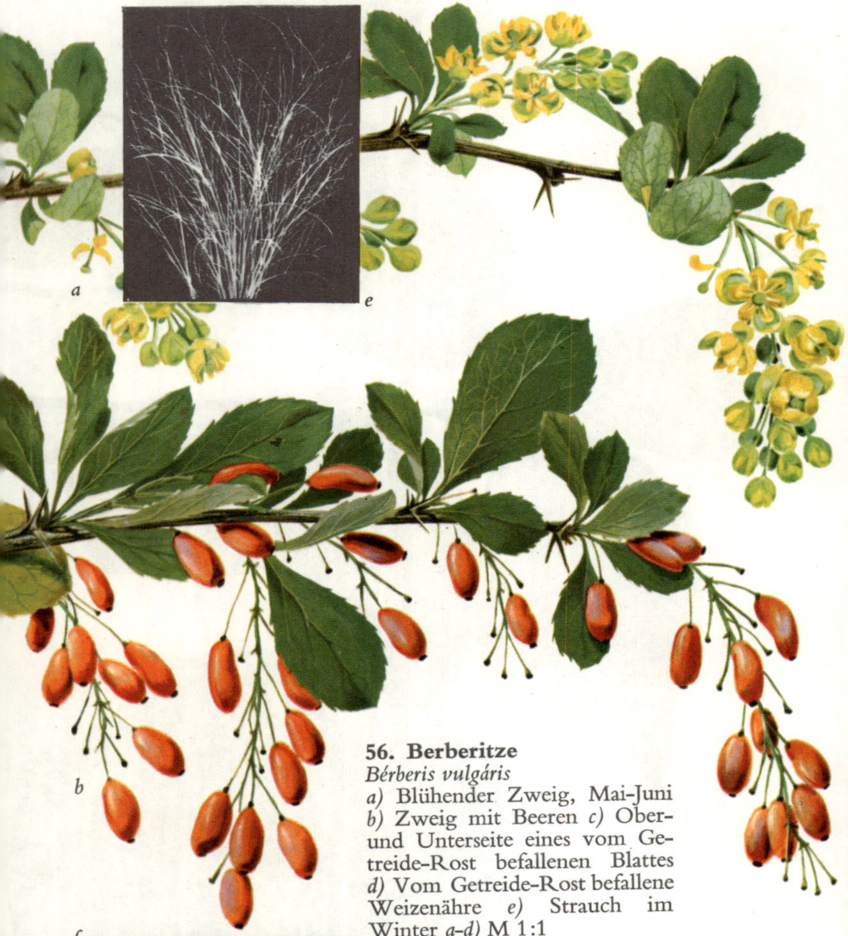

a

b

e

56. Berberitze

Bérberis vulgáris

a) Blühender Zweig, Mai–Juni *b)* Zweig mit Beeren *c)* Ober- und Unterseite eines vom Getreide-Rost befallenen Blattes *d)* Vom Getreide-Rost befallene Weizenähre *e)* Strauch im Winter *a–d)* M 1:1

c

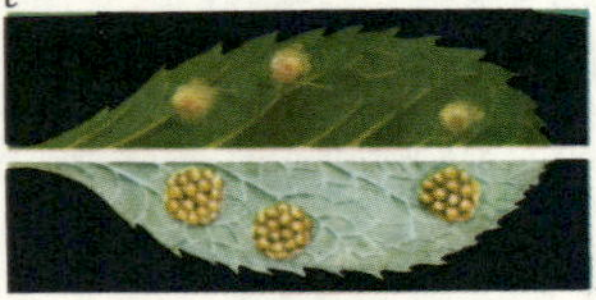

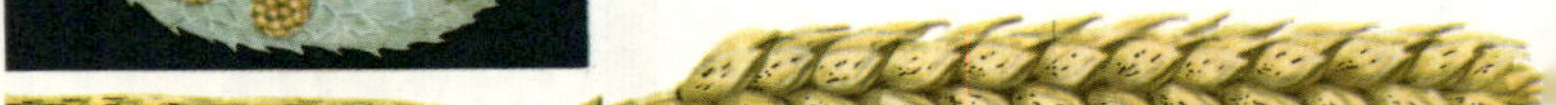

d

57. Rote Johannisbeere
Ribes rúbrum
Oben: Blätter und Blüten im
Mai. Unten: Beeren, beides
M 1:1

58. Schwarze Johannisbeere
Ribes nígrum
Oben: Blätter und Blüten im
Mai. Unten: Beeren, beides
M 1:1

59 a

59 c

60 a

60 b

60 c

59 b

60 d

59. Stachelbeere
Ríbes úva-críspa
a) Zweig mit Blättern und
Blüten im April *b)* Früchte
(Beeren) *c)* Stachelbeer-Spanner,
Abráxas grossulariáta a–c) M 1:1

60. Alpen-Johannisbeere
Ríbes alpínum
a) Zweig mit weiblichen Blüten
im Mai *b)* Männliche Blüten
c) Blätter und Beeren *d)* Die
weißlichen Knospen im Oktober *a–d)* M 1:1

61. Weidenblättriger Spierstrauch
Spiráea salicifólia
Blühender Zweig, Juni–Juli, M 2:3

62. Fiederspiere *Sorbária sorbifólia*
Blütenstand und Blatt, Juni–Juli, M 2:3

63. Zwergmispel *Cotoneáster integérrimus*
a) Blühender Zweig im Mai, M 2:3 *b)* Zweig mit Früchten, M 2:3

64 a

64 b

64. Ährige Felsenbirne
Amelánchier spicáta
a) Blühender Zweig im Mai, M 1:1
b) Fruchtstand und Blatt, August–September, M 1:1

65 d

65. Zweigriffeliger Weißdorn *Cratáegus oxyacántha*
a) Zweig mit Früchten *b)* Längsschnitt durch die Steinfrucht mit zwei Stein-
kernen *c)* Blühender Zweig, Mai-Juni *d)* Alter Baum im Winter *a–c)* M 1:1
66. Eingriffeliger Weißdorn *Cratáegus monógyna*
a) Blüten im Juni *b)* Längsschnitt durch die Steinfrucht mit einem Steinkern
c) Zweig mit Früchten *a–c)* M 1:1

68 c

68 d

69 d

69 e

1   2   3

67

67. Mistel *Víscum álbum*

68. Eberesche *Sórbus aucupária*
a) Fruchtender Zweig, M 2:3 b) Blütenstand Mai-Juni, M 2:3 c) Frucht, M 1:1
d) Blatt, M 1:4 e) Baum im Winter

69. Mehlbeere *Sórbus ária*
a) Blütenstand, Mai-Juni, M 2:3 b) Beblätterter Zweig mit Früchten und Knospen,
M 2:3 c) Die Gespinstmotte, *Argyrésthia
coniugélla*, M 2:3 d) Frucht, M 1:1 e) Blatt-
formen verschiedener Abänderungen: 1.
var. *obtusifólia* 2. var. *ária*, 3. ssp. *rupícola*,
M 1:4

68 e

68 a

68 b

69 a

69 c

69 b

72

70 a

71 a

70. Schwedische Vogelbeere
Sórbus intermédia
a) Zweig mit Blättern und Früchten, M 2:3 *b)* Blütenstand im Juni, M 2:3 *c)* Frucht, M 1:1 *d)* Verwendung des Holzes

71. Bastard-Vogelbeere
Sórbus hýbrida
a) Zweig mit Blättern und Früchten, M 2:3 *b)* Blütenstand, Mai-Juni, M 2:3 *c)* Frucht, M 1:1

72. Elsbeere
Sórbus torminális
a) Zweig mit Blättern und Früchten, M 2:3 *b)* Blütenstand, Mai-Juni, M 2:3 *c)* Frucht, M 1:1

70 b

70 d

73

71 b

72 b

0 c

1 c

2 c

72 a

74

73 a

73 c

73. Holz–Apfel
Málus silvéstris
a) Zweig mit Blättern und einer
Frucht b) Blüten im Mai c) Zu
Dornen umgewandelte Kurz-
triebe a–c) M 1:1

74. Wild–Birne
Pýrus áchras
a) Blüten, April–Mai, M 1:1
b) Blätter und Frucht im Oktober, M 1:1

73 b

74 a

74 b

75. Himbeere *Rúbus idáeus*
a) Zweig mit Blättern und
Früchten *b)* Der kegelförmige
Fruchtboden   *c)* Längsschnitt
durch eine Frucht *d)* Blüten-
zweig, Mai-Juni *e)* Perlmutter-
falter, *Argýnnis aglája a–e)* M 2:3

76. Brombeere
Rúbus fruticósus
a) Unfruchtbarer
Zweig mit 5zähligen
Blättern *b)* Blühender
Zweig mit 3zähligen
Blättern, Juli-August *c)*
Fruchtstand *a–c)* M 2:3

77. Kratzbeere
Rúbus cáesius
a) Fruchtender Zweig,
M 2:3 *b)* Zweig mit
Blättern und Blüten,
Mai–Juli, M 2:3

a

b

78 a

79 a

78 b

78. Hunds–Rose
Rósa canína
a) Blühender Zweig im Juni,
M 1:1 *b)* Hagebutte, M 1:1

79. Bibernell–Rose
Rósa pimpinellifólia
a) Blühender Zweig, Mai-Juni,
M 1:1 *b)* Hagebutte, M 1:1

79 b

81 b

80 b

80 a

81 a

80. Kartoffel-Rose
Rósa rugósa
a) Blühender Zweig im Juni,
M 1:1 *b)* Hagebutte, M 1:1

81. Wein-Rose
Rósa rubiginósa
a) Blühender Zweig im Juni,
M 1:1 *b)* Hagebutte, M 1:1

80

82. Schlehe
Prúnus spinósa
a) Zweig mit Blättern und
Früchten b) Steinkern c)
Blühender Zweig, Mai-Juni
d) Dornenzweig e) Blühende
Schlehenhecke a–c) M 1:1

83. Hafer-Pflaume *Prúnus insitítia*
a) Zweig im Winter, M 1:1 *b)* Blühender
Zweig, April-Mai, M 1:1 *c)* Beblätterter
Zweig, M 2:3 *d)* Frucht, Okt.-Nov., M 1:1
e) Steinkern, M 1:1

a   *b*

c

e   *d*

84. Vogel-Kirsche *Cérasus ávium*
a) Blühender Zweig, April-Mai *b)* Blätter und Früchte
tragender Zweig im Juli *c)* und *d)* Verschieden ge-
färbte reife Kirschen *e)* Blühender Baum *a–d)* M 2:3

a

b

85. Sauer-Kirsche *Cérasus vulgáris*
a) Beblätterter Langtrieb *b)* Zweig mit
Früchten, Juli-August *c)* Blühende
Zweige, April-Mai *d)* Baum im Winter
a–c) M 2:3

d

86. Kirsch–Pflaume *Prúnus cerasífera*
a) Blühende Zweige im April *b)* Zweig mit
Blättern und Früchten *c)* Längsschnitt durch
eine Frucht, den Steinkern zeigend *d)* Baum
im Winter *a–c)* M 2:3

**87. Gewöhnliche Trauben-
kirsche** *Pádus ávium*
a) Blütentraube im Mai *b)* Zweig
mit Blättern und Früchten
c) Steinkern *a–c)* M 1:1

88 a

88. Späte Traubenkirsche
Pádus serótina
a) Blütentraube im Juni *b)*
Früchte und Blätter im Oktober
c) Steinkern *a–c)* M 1:1

89. Weichsel-Kirsche
Cérasus máhaleb
a) Zweig mit Blättern und
·Früchten, M 1:1 *b)* Das Holz
wird zu Tabakspfeifen verarbeitet

88 b

88 c

89 a   89 b

90. Robinie
Robínia pséudo–acácia
a) Blütentraube, M 2:3 b)
Hülsen im September, M 2:3
c) Blatt, M 1:3 d) Borke des
Stammes, M 1:6 e) Baum im
Winter

88

91 b   91 a   91 c

91. Besenginster *Sarothámnus scopárius*
a) Zweig mit Blättern und Blüten, Mai-
Juni, M 1:1 *b)* Zweig mit Hülsen im Oktober, M 1:1 *c)* Strauch im Winter, M 1:10

92. Stechginster *Úlex európaeus*
a) Blühende Zweige, Mai-Juni, M 1:1 *b)*
Hülse im August, M 1:1 *c)* Strauch im
Winter, M 1:10

92 a

92 b

92 c

93. Stechpalme *Ílex aquifólium*
a) Zweig mit Blättern und Früchten im
Winter, M 2:3 *b)* Blätter aus dem oberen
Teil der Krone, M 2:3 *c)* Verwendung des
Holzes *d)* Silhouette eines Baumes

94. Pfaffenhütchen
Euónymus europáea
a) Zweig mit Blättern und Kapseln,
(1 geöffnet) im September, M 2:3
b) Blühender Zweig, Mai-Juni,
M 2:3

92

95. Spitz-Ahorn *Ácer platanoídes*
a) Blütenstand, April-Mai, M 1:2 *b)* Blatt, M 1:2 *c)* Früchte, M 1:2 *d)* Blatt
im Herbst, M 1:2 *e)* Borke des Stammes, M 1:8 *f)* Bäume im Winter

96. Berg-Ahorn
Ácer pséudo-plátanus
a) Blütenstand und Blattunterseite im Mai, M 1:2
b) Blatt von der Oberseite und Früchte, M 1:2
c) Mosaikartig angeordnete Blätter eines Zweiges
d) Borke des Stammes, M 1:8 e) Baum im Winter
f) Verwendung des Holzes

97. Feld–Ahorn *Ácer campéstre*
a) Blüten, links männliche, rechts
Zwitterblüte, M 3:1 *b)* Blütenstand,
Mai–Juni, M 1:1 *c)* Blätter und Früchte,
M 1:1 *d)* Rinde eines Zweiges mit
Korkleisten in Aufsicht und im Quer-
schnitt, M 1:1 *e)* Baum im Winter

98. Roßkastanie *Aesculus hippocástanum*
a) Teil eines Blütenstandes, Mai-Juni, M 1:1
b) Blatt, M 1:2 *c)* Aufgesprungene Frucht mit
herausgefallenem Samen, M 2:3 *d)* Knospe,
M 1:1 *e)* Blühender Baum *f)* Baum im Winter

99 c

99 a

99 b

99 d

99. Faulbaum *Rhámnus frángula*
a) Zweig mit Blättern und reifen
Steinfrüchten, M 3:4 *b)* Zweigspitze
mit Blüten und Knospe, Mai-Juni,
M 2:1 *c)* Strauch im Winter
d) Verwendung: Herstellung von
Schwarzpulver

100 a

100 c

100 b

100 d

100. Kreuzdorn
Rhámnus cathártica
a) Zweig im Winter mit Kurztrieben, M 3:4 *b)* Zweig mit
Blättern und Steinfrüchten,
M 3:4 *c)* Weibliche Blüte, M 2:1
d) Männliche Blüte, M 2:1

101. Winter-Linde
Tília cordáta
a) Blühender Zweig, Juni-Juli,
M 3:4 *b)* Fruchtender Zweig im
Oktober, M 3:4 *c)* Baum im
Winter

102 a

102 b

103 b

103 a

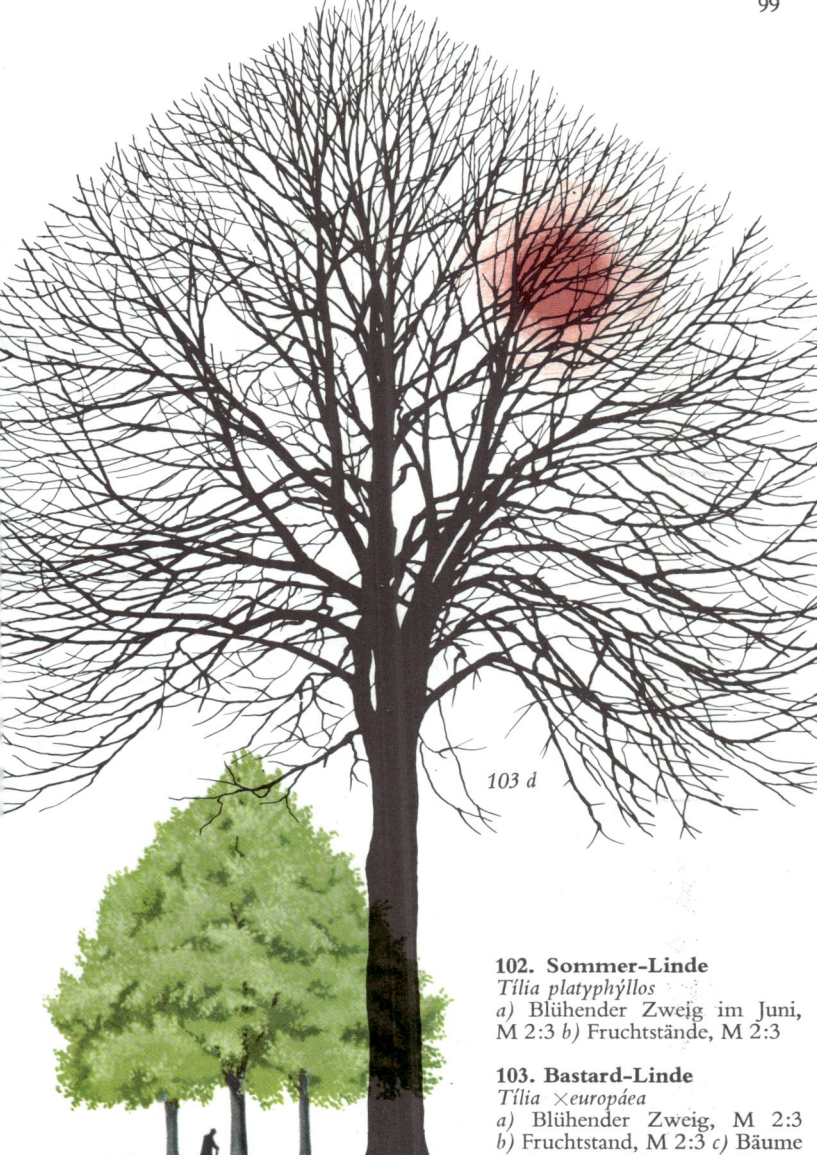

103 d

103 c

102. Sommer–Linde
Tília platyphýllos
a) Blühender Zweig im Juni,
M 2:3 *b)* Fruchtstände, M 2:3

103. Bastard–Linde
Tília ×europáea
a) Blühender Zweig, M 2:3
b) Fruchtstand, M 2:3 *c)* Bäume
im Sommer *d)* Baum im Winter

104 b

104 a

104. Deutsche Tamariske
Myricária germánica
a) Blütenstand, Juli–August, M 1:1
b) Beblätterter Zweig, M 2:3

105. Seidelbast *Dáphne mezéreum*
a) Blühender Zweig im März, M 1:1
b) Zweig mit Blättern und Früchten
im Juli, M 1:1

105 a   *105 b*

06. Sanddorn
Hippóphaë rhamnoídes
) Zweig mit männlichen Blüten,
März–Mai, M 1:1 *b)* Zweig mit
Blättern und Früchten, September–
Oktober, M 1:1

107. Efeu *Hédera hélix*
a) Beblätterter Zweig, M 2:3 *b)* Blütenstand im Oktober, M 2:3

108. Porst *Lédum palústre a)* Blütenstand im Juni, M 2:3

109. Roter Hartriegel

Córnus sanguínea
a) Zweig mit Blättern und Steinfrüchten,   September-Oktober
b) Blütenstand, Mai-Juni c) Blatt
mit Herbstfärbung im November a–c) M 1:1

a

b

c

110. Esche *Fráxinus excélsior*

a) Baum im Sommer *b)* Baum im Winter *c)* Zweig mit Blättern und geflügelten Früchten im August, M 1:2 *d)* Männliche Blütenstände, April–Mai, M 1:1 *e)* Weibliche Blütenstände,M 1:1 *f)* Reife Frucht, M 1:1 *g)* Verwendung des Holzes

b

g

c

d

f

e

106

111 c

111 a

111 b

112 a

112 b

113 a

113 b

111. Flieder *Syrínga vulgáris*
a) Blühender Zweig mit Blättern im Mai, M 1:1 *b)* Kapsel-
früchte, M 1:1 *c)* Skabiosen-
schwärmer, *Hémaris fucifórmis*

112. Liguster
Ligústrum vulgáre
a) Blütenstand, Juni-Juli, M 1:1
b) Zweig mit Blättern und
Früchten, M 1:1

113. Bocksdorn
Lýcium halimifólium
a) Zweig mit Blättern und
Blüten, Juni-August, M 1:1
b) Früchte, September-Oktober
M 1:1 *c)* Strauch im Sommer

113 c

114 a

114 b

115 a

115 b

115 c

115 d

114. Trauben-Holunder
Sambúcus racemósa
a) Fruchtstand mit reifen Beeren, Juli-August, M 2:3 b) Blühender Zweig, April-Mai, braunes Mark! M 2:3

115. Schwarzer Holunder
Sambúcus nígra
a) Fruchtstand, Sept.-Okt. b) Stengelquerschnitt mit weißem Mark c) Blütenstand, Juni-Juli d) Blühender Strauch a–c) M 2:3

116. Gemeiner Schneeball
Vibúrnum ópulus
a) Zweig mit Blättern und reifen Steinfrüchten, M 2:3 b) Blütenstand, Mai-Juni, M 2:3

116 a

116 b

117. Schneebeere *Symphoricárpus rivuláris*
Blätter, Blüten und Beerenfrüchte im September, M 2:3

118 a

118 b

119

118 c

118. Deutsches Geißblatt
Lonícera periclýmenum
a) Beerentragender Zweig, M 2:3
b) Blühender Zweig, Juni-August,
M 2:3 c) Gedrehter Stamm der
kletternden Pflanze, M 2:3

119. Blaue Heckenkirsche
Lonícera coerúlea
Zweigstück mit Blättern und Früchten, M 2:3

120. Rote Heckenkirsche
Lonícera xylósteum
a) Blühender Zweig, Mai-Juni, M
1:1 b) Zweig mit Beeren, M 1:1

Pflanzenbeschreibungen

Die Beschreibungen der Bäume und Sträucher sind in sich folgendermaßen gegliedert: Zuerst wird die Bedeutung und Herkunft des Pflanzennamens erläutert, danach folgen Beschreibungen der Pflanze mit Angaben über ihre Ansprüche gegenüber Boden und Klima, ihre Wuchsformen und die Verwendungsmöglichkeiten. Zum Schluß wird ihre geographische Verbreitung besprochen. Dazu werden kleine Karten mit dem Verbreitungsgebiet einiger Waldbäume und Sträucher eingefügt. Dem Text sind außerdem Zeichnungen beigegeben, die der Erklärung der vorkommenden botanischen Fachausdrücke dienen.

Eibengewächse *Taxáceae*

1. Eibe

Táxus baccáta

Der lateinische Name *Táxus* ist sicher mit dem lateinischen texere (= weben) verwandt. Der Bast von Eiben wurde, wie auch Lindenbast, zum Flechten und Weben verwendet. Das norwegische Wort für Eibe, Barlind, bedeutet sogar «Bastbaum mit Nadeln». In der älteren Literatur findet man die Bezeichnungen «Eben» und «Ife». Dieser Wortstamm kehrt in «Ebenholz», dem Holz eines tropischen Baumes, wieder. Die Grundform des Namens If(e) oder Ib(e) erscheint als Bezeichnung für Eibe in vielen Sprachen, z.B. im Französischen als if, im Englischen als yew, und ist mit mehreren nordischen Wörtern für gewebte Kleidung verwandt. Auch das griechische hyfe (= Gewebe) gehört in diese Reihe. Das alte Wort Eibe bedeutet also «Web-Baum», «Baum, von dem Bast zum Flechten und Weben gewonnen werden kann», ist also eine Parallele zu Barlind und zu *Táxus*.

Die Eibe ist der einzige wildwachsende Vertreter der Eibengewächse in Deutschland. Sie kann als einzelner Baum vorkommen oder als 2-3 m hoher, dichter Strauch mit vielen Stämmen, die nicht selten zusammengewachsen sind und so einen Einzelstamm vortäuschen.

Die junge Rinde ist rotbraun, wird aber mit zunehmendem Alter graubraun und löst sich in dünnen Schuppen ab. Die auf der Oberseite dunkelgrünen und glänzenden, auf der Unterseite helleren und matten, mit einer Rippe versehenen Nadeln sind weich

← *Schnitt*

und stechen nicht. Sie sind bis zu 3 cm lang und bleiben mehrere Jahre an den Zweigen. Die Eibe ist deshalb, wie die meisten anderen Nadelbäume, das ganze Jahr hindurch grün.

Die Eibe ist zweihäusig, das heißt, die männlichen und weiblichen Blüten sitzen auf verschiedenen Bäumen. Es gibt deshalb sowohl männliche als auch weibliche Pflanzen.

Die männlichen Blüten brechen aus verhältnismäßig großen, kugeligen, oft dichtsitzenden Knospen hervor, sind auffallend und sitzen auf der Unterseite der Zweige.

Die weiblichen Blüten entwickeln sich aus kleineren, eiförmigen Knospen an der Spitze sehr kurzer Sprosse und enthalten je eine Samenanlage. Während der Blütezeit wird ein kleiner Tropfen ausgeschieden, der zum Auffangen des Blütenstaubes dient Nach der Befruchtung wächst die Samenanlage zu einem verhältnismäßig großen, dickschaligen Samen heran, der von einem saftigen, zuerst grünen, später prachtvoll roten Samenmantel umgeben ist.

Das sehr harte und elastische Holz hat einen dünnen, gelblichweißen Splint und einen dunklen, rotbraunen Kern. Es enthält im Gegensatz zu dem der meisten anderen Nadelhölzer kein Harz. Die Eibe liefert ein hochgeschätztes Nutzholz und wurde deshalb in vielen Gegenden ausgerottet. Im Mittelalter wurde es in großen Mengen zur Herstellung von Bogen benötigt.

Die Eibe ist für Mensch und Tier stark giftig. Pferde zeigen schon nach dem Verzehr einiger Triebe Vergiftungserscheinungen und können durch größere Mengen (etwa 500g) sofort sterben. Der rote, schleimige und süße Samenmantel dagegen ist nicht giftig. Vögel fressen ihn gern und verbreiten die Samen weiter. Auch vom Menschen kann er ohne Schaden gegessen werden.

In Deutschland kommt die Eibe noch hier und da wild vor, meist in schattigen Buchenwäldern der Gebirge. Größere Bestände findet man noch auf dem Darß, in Thüringen und in Süddeutschland. In den Alpen kommt sie bis zu 1400 m Höhe vor. Früher war sie vermutlich viel häufiger. Ihr natürliches Verbreitungsgebiet umfaßt West-, Mittel- und Südeuropa, Algerien und den Kaukasus.

Kieferngewächse *Pináceae*

2. Weiß- oder Edel-Tanne
Ábies álba

Das Wort Edel-Tanne bezieht sich auf das wertvolle, harzfreie Holz und die schönen, nicht stechenden Nadeln. Wegen der zwei weißen Streifen auf der Unterseite der Nadeln wird der Baum als Weiß-Tanne bezeichnet.

In Deutschland kann die Edel-Tanne bis zu 50 m hoch werden. Man erkennt sie an den weit ausladenden Zweigen und den kurzen, 17-30 mm langen Nadeln, die grün und an der Unterseite mit zwei weißen Streifen versehen sind. Die Nadeln sind am Ende stumpf und eingekerbt. Die

Schnitt

Knospen haben im Gegensatz zu vielen anderen Tannen keinen Harzüberzug.

Wie bei vielen Nadelbäumen wachsen die Äste der Weiß-Tanne in Wirteln. Der Zwischenraum zwischen zwei Wirteln entspricht dem Stamm-Wachstum eines Jahres. Wenn alle Wirtel eines Baumes zu sehen sind, kann man leicht sein Alter feststellen.

Bei der Weiß-Tanne sitzen die männlichen und weiblichen Blüten getrennt an einem Baum. Sie ist einhäusig. Die kurzen, kätzchenförmigen

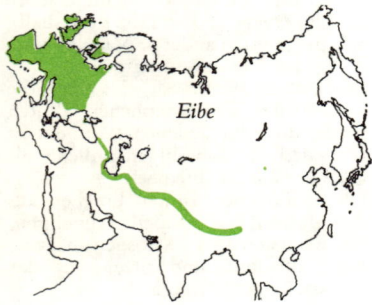

Eibe

männlichen Blütenstände befinden sich zu mehreren, die aufrecht stehenden weiblichen Blüten einzeln auf vorjährigen Zweigen in der Krone.

Die reifen Zapfen stehen, wie bei allen Tannen, aufrecht und zerfallen bei der Reife in Samen, Deckschuppen und Samenschuppen. Die verholzte Spindel bleibt an den Zweigen zurück. Dies ist der Grund, warum man am Boden niemals reife Tannezapfen findet - der Volksmund bezeichnet meist fälschlich die im ganzen abfallenden Zapfen der Gemeinen Fichte (Nr. 6) als «Tannenzapfen». Die zylindrischen, bräunlichen Zapfen der Edel-Tanne werden bis zu 16 cm lang. Die Deckschuppen ragen mit ihrer schmalen, nach unten gebogenen Spitze unter den Samenschuppen hervor.

Weiß-Tanne

Die Weiß-Tanne kommt wild nur in Süddeutschland vor. Ihre Nordgrenze erreicht sie nördlich des Thüringer Waldes und des Erzgebirges. In Südeuropa bevorzugt sie die höheren Lagen der Gebirge. Sie ist meist nicht in reinen Beständen, sondern mit der Rot-Buche (Nr. 49) oder Fichte (Nr. 6) gemischt zu finden. Das Holz der Weiß-Tanne ist weich und leicht, harzfrei, grauweiß und ohne gefärbten Kern. Es

wird als Bauholz und als Blindholz für Tischlerplatten verwendet. Langsam gewachsenes Holz erstklassiger Qualität wird zu Geigenböden und zu Resonanzböden für Klaviere verarbeitet.

3. Nordmanns-Tanne
Ábies nordmanniána

Der Name Nordmanns-Tanne wurde diesem Baum zu Ehren des finnischen Botanikers A. von Nordmann gegeben, der als Professor für Botanik in Odessa tätig war und diesen Baum im Jahre 1836 im Kaukasus entdeckte. Die Pflanze wird deshalb auch als Kaukasische Tanne bezeichnet.

Von der Weiß-Tanne unterscheidet sie sich durch ihre glänzenden, dunkelgrünen Nadeln, die an den Zweigen nach oben und zur Spitze hin gerichtet sind. Dadurch erscheinen die Sprosse im Querschnitt rund oder halbkreisförmig mit einem sehr deutlichen «Scheitel» auf der Unterseite. Die 20-30 mm langen Nadeln zeigen auf der Unterseite zwei weiße Streifen und sind an der Spitze eingekerbt.

Die männlichen und weiblichen Blüten gleichen denen der Edel-Tanne (Nr. 2). Die Zapfen sind walzenförmig und an der Spitze abgerundet. Alte, freistehende Bäume behalten ihre Zweige bis zum Boden hinab. Dadurch eignet sich die Nordmanns-Tanne gut als Parkbaum.

Nordmanns-Tanne

Die Nordmanns-Tanne stammt aus dem Kaukasus und wurde um 1840 nach Europa eingeführt. Sie wird in Deutschland nicht in der Forstwirtschaft verwendet, weil sie häufig von Schädlingen befallen wird. Auch hat sie, obwohl sie später austreibt als die Edel-Tanne, gelegentlich stark unter Spätfrösten zu leiden. Dagegen trifft man sie häufig in Parks. Das Holz unterscheidet sich nicht wesentlich von dem der Weiß-Tanne und wird als Bauholz verwendet.

4. Silber-Tanne
Ábies prócera
Außer Silber-Tanne wird der Baum auch Blau-Tanne genannt, ein Name, der oft fälschlich auf die Blau-Fichte (Nr. 8a) angewendet wird.
Die Silber-Tanne ist leicht an ihren flachen, blaugrauen bis blaugrünen Nadeln zu erkennen, die auf beiden Seiten gleich gefärbt sind und nicht wie die der vorhergehenden Tannen auf der Unterseite zwei weiße Streifen zeigen. Die 2,5–3 cm langen Nadeln stehen sehr dicht; die der Zweig-Unterseite sind nach außen gebogen und bilden so einen deutlichen «Scheitel». Auf der Oberseite der

Triebe sind die Nadeln nach oben gekrümmt und nicht gescheitelt. Die jungen Triebe sind kurz rotbraun behaart.
Neben der Nadelstellung sind die 25 cm langen und 8 cm breiten Zapfen leicht kenntlich. Die Spitzen der Deckschuppen ragen weit aus dem Zapfen heraus und sind nach unten umgebogen. Dadurch verdecken sie

die Samenschuppen fast ganz. Die Zapfen sind groß und schwer. Sie neigen sich deshalb oft nach unten und scheinen an den Zweigen zu hängen. Sie «kentern» und bleiben nicht in der für andere Tannen typischen aufrechten Stellung. Die Rinde des Stammes ist hellgrau und enthält beim jungen Baum Harzbeulen.

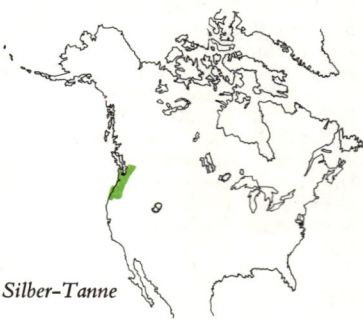

Silber-Tanne

Die Silber-Tanne stammt aus Oregon im westlichen Teil Nordamerikas und wurde um 1830 als Parkbaum nach Europa gebracht. Aus den Parks ist sie, wie so viele andere Bäume, gelegentlich in unsere Wälder gelangt. Ihre Zweige sind als Schmuckgrün hoch geschätzt; sie sind sehr regelmäßig, dekorativ und behalten abgeschnitten ihre Nadeln länger als die Zweige anderer Tannen.
Das Holz unterscheidet sich kaum von anderem Tannenholz, doch eignet es sich weniger gut als Bauholz, da die Stämme langsamer wachsen und nicht so ebenmäßig sind.

5. Küsten-Tanne
Ábies grándis
Nach seiner Herkunft heißt dieser Baum auch Große Kalifornische Tanne oder Vancouver-Tanne (nach der Insel Vancouver).
Die Sprosse sind sehr flach und mit bis zu 6 cm langen Nadeln besetzt.

Diese sind auf der Oberseite glänzend grün und auf der Unterseite mit zwei weißen Streifen versehen. Die Knospen sind mit Harz überzogen und unterscheiden sich dadurch von denen der vorher beschriebenen Tannen. In die Rinde sind kleine Blasen eingelagert, die ein aromatisches Harz enthalten. Die Zapfen sind schmal, bis zu 10 cm lang, und die Deckschuppen ragen nicht aus ihnen heraus.

Eng verwandt mit der Küsten-Tanne ist die Grau-Tanne, *Ábies cóncolor*, die wegen ihres schönen Wuchses und der auffallenden bläulichen Farbe ihrer sehr langen Nadeln häufig in Gärten und Parks anzutreffen ist. Die Nadeln sind auf beiden Seiten matt graugrün bis blaugrün, sitzen entfernt voneinander und sind oft teils nach oben, teils nach unten gebogen.

Diese beiden Tannen wachsen, zusammen mit ihren Zwischenformen, die graue Nadeln und flache Sprosse besitzen, im westlichen Nordamerika. Die Küsten-Tanne besiedelt sowohl die Küste wie auch das Binnenland, die Grau-Tanne ausschließlich das Binnenland im Süden des Gebietes. Beide Arten wurden in der Mitte des 18. Jahrhunderts nach Europa eingeführt.

Die Küsten-Tanne trägt ihren lateinischen Namen (*grándis* = groß) zu Recht, denn in ihrem Heimatland

Küsten-Tanne

kann sie bis zu 90 m hoch werden. In Deutschland bleibt sie kleiner, kann aber immerhin 35 m erreichen. In günstigen Gegenden übertrifft sie alle anderen Nadelhölzer durch ihr schnelles Wachstum.

Das Holz ist weich und leicht und arbeitet – wechselnder Feuchtigkeit ausgesetzt – nur wenig. Diese Eigenschaft macht es für die Bauindustrie und verschiedene Tischlerarbeiten gut geeignet. In den USA wird das Holz der Küsten-Tanne in großem Umfang zur Papierherstellung verwendet.

6. Gemeine Fichte
Pícea ábies

Die Gemeine Fichte wird auch wegen ihrer rötlichen Rinde im Unterschied zur Weiß-Tanne (Nr. 2) Rot-Tanne genannt.

Diesen für die deutschen Gebirge wichtigen Waldbaum erkennt man an den grünen (nicht blaugrünen), etwas flachgedrückt vierkantigen Na-

Schnitt

deln. Alle vier Seiten der Nadeln sind von gleicher Form und Farbe. Die jungen Zweige sind gelbbraun, glatt und schwach behaart.

Die gewöhnlich schön roten weiblichen Blüten sind vorzugsweise, aber nicht in so ausgeprägtem Maße wie bei der Weiß-Tanne (Nr. 2), im obersten Teil der Krone zu finden; die männlichen Blüten, die ebenfalls rot sind, dagegen im mittleren und unteren Teil der Krone. Die weiblichen Blüten eines Baumes blühen gewöhnlich zuerst auf, und erst wenn sie von dem Pollen anderer Bäume bestäubt worden sind, öffnen sich die männlichen Blüten. Auf diese Weise wird Selbstbestäubung und somit unzweckmäßige Inzucht vermieden. Die männlichen Blüten erzeugen Blütenstaub in solchen Mengen, daß der Boden unter einer Fichte und in der Nähe eines Fichtenwaldes gelb gefärbt sein kann. Der vom Wind verwehte Blütenstaub schlägt sich auf Pfützen, Teichen und Seen nieder und kann ihre Oberfläche mit einer gelben Schicht bedecken. Diese «Schwefelregen» genannte Erscheinung kann auch während der Kiefern-Blüte (Nr. 13) beobachtet werden.

Vor der Bestäubung stehen die weiblichen Blütenstände aufrecht, danach neigen sie sich zur Seite, und die reifen Zapfen hängen von den Zweigen herab. Die Zapfen sind sehr unterschiedlich groß, können bis zu 16 cm lang werden und tragen lederartige, abgerundete, rotbraune Samenschuppen.

Zwischen den in Wirteln am Stamm stehenden größeren Ästen befinden sich noch zusätzlich kleinere. In einem Fichtenbrett sind deshalb neben großen Astlöchern stets mehrere kleine vorhanden. Der Wald-Kiefer (Nr. 13) fehlen diese kleinen Äste, dadurch sind alle Astlöcher in den Brettern nahezu gleich groß.

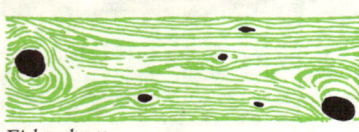

Fichtenbrett

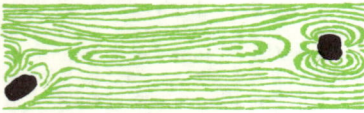

Kiefernbrett

Im übrigen ist die Verzweigung bei der Fichte sehr veränderlich. Es gibt viele verschiedene Wuchsformen, von denen einige hier besprochen werden sollen: In Skandinavien findet man den langsam wachsenden, schnee- und windfesten Nordlandtyp mit schlanker, schmaler Krone, dessen Zweige

alle etwa gleich lang werden. Eine Hochgebirgsform ist die sogenannte Säulen-Fichte, die eine schmale Krone und hängende Zweige hat. Der Flachlandtyp, der wind- aber nicht schneefest ist, ist breiter, wächst rasch und hat stark verzweigte Hauptäste. Ein vierter Typ ist die Kamm-Fichte, bei der die von den starken Ästen abgehenden Seitenzweige schlaff herabhängen. Sie ist schnee- aber nicht windfest. Daneben findet man noch weitere Spielarten in Gärten und Parks, so die Schlangen-Fichte,

Schlangen-Fichte

die Peitschen-Fichte, die Kugel-Fichte und die Pyramiden-Fichte. Für die Forstwirtschaft haben diese Formen keine Bedeutung.

Die Fichte ist ein Flachwurzler und wird deshalb von Stürmen oft entwurzelt. Sie ist mit ihren Abarten von Nord- und Mitteleuropa über Osteuropa bis nach Ostasien verbreitet. In Deutschland kommt sie wild nur in den höheren Lagen der Mittelgebirge und den Alpen vor. Als zu Beginn des vorigen Jahrhunderts große Flächen unseres Waldes durch wahllosen Kahlschlag entwaldet, andere durch die sogenannte Niederwaldwirtschaft verarmt waren, legte man überall große Fichtenpflanzungen

Gemeine Fichte

an. Die Fichte wächst schnell und liefert gutes, vielseitig verwendbares Holz. Heute zeigen sich die Nachteile dieser Bepflanzung mit nur einer Baumart: Die Nadeln der Fichte verwesen nur langsam und bilden eine saure Rohhumusdecke, die den Boden für lange Zeit verdirbt. In den einförmigen Wäldern können sich Schädlinge massenhaft entwickeln. So richten oft die Larven eines Schmetterlings, der Nonne *(Lymántria mónacha)*, großen Schaden an, indem sie die Nadeln fressen und dadurch die Bäume zum Absterben bringen. Die Nonne ist Europas schädlichstes Forstinsekt und hat besonders in Schweden und Deutschland ganze Fichtengebiete verheert. Heute geht man mehr und mehr von dem einseitigen Anbau der Fichte ab und pflanzt sie mit geeigneten Laubbäumen zusammen an. In einem Fichtenwald ist es dunkel, weil die Fichte sowohl Schatten spendet als auch verträgt. Sie ist ein sogenannter Schattenbaum. Durch diese Erscheinung wird in hohem Maße die Bodenvegetation im Fichtenwald geprägt. In der jungen geschlossenen Pflanzung ist es für jede Vegetation zu dunkel, und erst wenn die Bäume älter werden und nach Auslichtung weniger dicht stehen, können sich Moose und einzelne Kräuter ansiedeln. Eine Strauchschicht ist in Fichtenwäldern nur selten ausgebildet.

Das Fichtenholz findet vielseitige Verwendung in der Bauindustrie, dem Tischlerhandwerk, zu Grundpfählen und Leitungsmasten, zur Papierherstellung, als Brennmaterial und zu vielem anderen mehr.

7. Weiß-Fichte
Pícea gláuca
Die erste Silbe des Namens Weiß-Fichte deutet auf die, wenn auch nicht weißen, so doch grau- oder blaugrünen Nadeln hin. Die helle Farbe ist auf einen Wachsbelag der Blätter zurückzuführen. Durch diese Färbung und die nicht flachgedrückten vier-

Schnitt

kantigen Nadeln unterscheidet sich die Art von der Gemeinen Fichte. Die jungen Zweige sind graugelb. Die jung grünen, später hellbraunen Zapfen sind klein, etwa 5 cm lang und werden oft in großer Zahl gebildet. Die Nadeln riechen beim Zerdrücken nach Schwarzen Johannisbeeren.
Die Weiß-Fichte ist im ganzen nördlichen Nordamerika zu Hause und kam um 1700 nach Europa.

Weiß-Fichte

Als Waldbaum wird sie kaum angepflanzt, denn sie wächst zu langsam und erreicht nicht die erforderliche Größe. Doch kann sie zu Hecken und Schutzhainen verwendet werden. Sie ist außerordentlich widerstandsfähig gegen Frost. Das Holz gleicht dem der Gemeinen Fichte (Nr. 6) und findet bei guter Qualität die gleiche Verwendung.

8. Sitka-Fichte
Pícea falcáta

Diese Fichte hat ihren deutschen Namen nach ihrer Heimat, der Insel Sitka vor der Küste Nordamerikas, erhalten.

Die Sitka-Fichte unterscheidet sich von den beiden schon beschriebenen Fichten durch flachere Nadeln, die auf der Oberseite grün und auf der Unterseite weißlichblau gefärbt sind.

Die Nadeln stechen sehr stark. Auch die Zapfen sind von anderer Form: die Samenschuppen sind hellbraun, sitzen locker, sind dünn und ein wenig gebogen. Die Zapfen werden bis zu 8 cm lang.

Die Rinde der Sitka-Fichte löst sich in dünnen Platten vom Stamm. Bei älteren, freistehenden Bäumen brechen kleine Zweige aus älteren astfreien Teilen des Stammes hervor.

Diese Fichte kommt aus den nordwestlichen Küstengebieten Nordamerikas zu uns. Sie wurde um 1830 nach Europa gebracht und ist seitdem ein wichtiger Waldbaum für Küstengebiete geworden. Die Sitka-Fichte wächst schnell und besitzt ausgezeichnetes Holz. Sie fordert besseren Boden als die Gemeine Fichte und leidet wegen ihres frühzeitigen Austriebes im Frühjahr unter Nachtfrösten.

Das Holz ist leicht und zäh und eignet sich sehr gut als Bauholz. Es wird auch zu Rudern und Flugzeugpropellern verarbeitet.

8a. Blau-Fichte
Pícea púngens

Nur die oft in Gärten angepflanzte Form besitzt schöne blaugrüne Nadeln; die Stammform, die man bei uns nur selten sehen kann, hat dagegen unauffällige, dunkelgrüne Nadeln. Der Baum wird auch nach seinem Heimatland Kolorado-Fichte genannt.

Diese Fichte hat – wie auch die folgenden – denen der Sitka-Fichte

8. *Sitka-Fichte*   8a. *Blau-Fichte*   8b. *Engelmanns-Fichte*

ähnelnde, locker gebaute Zapfen mit dünnen, gebogenen Samenschuppen und rein grüne bis stark blaugrüne, vierkantige Nadeln mit vier gleichen Seiten und einer stark stechenden Spitze. Die jungen Zweige sind glatt und gelbbraun.

Der Baum ist in den Rocky Mountains (dem östlichen Utah und Kolorado) beheimatet und wird häufig in unseren Parks und Gärten, meist in der blaunadeligen Form, angepflanzt.

8b. Engelmanns-Fichte
Pícea engelmánnii

Der Name Engelmanns-Fichte ist von der lateinischen Artbezeichnung abgeleitet, die dem Baum von dem amerikanischen Botaniker Parry zu Ehren seines älteren Kollegen G. Engelmann gegeben wurde.

Die Engelmanns-Fichte ähnelt der Blau-Fichte (Nr. 8a), doch sind die Nadeln weicher, und nicht so spitz. Die jungen, matten, graugelben Zweige sind mit kurzen Drüsenhaaren besetzt und die Zapfen rotbraun gefärbt. In den Bergen des westlichen Nordamerika wächst diese Fichte wild. Sie wurde 1863 nach Europa gebracht. Obwohl sie sehr frosthart ist, wird sie

in Deutschland als Waldbaum kaum angepflanzt.

9. Douglasfichte oder Douglasie
Pseudotsúga menziésii

Die Namen Douglasfichte und Douglasie sind nach dem veralteten lateinischen Namen *Pseutotsúga douglásii* gebildet worden. Dieser Name wurde dem Baum zu Ehren des schottischen Gärtners D. Douglas gegeben, der ihn 1827 nach Europa eingeführt hat. Die amerikanische Bezeichnung für diesen Baum ist Oregon Pine.

Die Douglasfichte erinnert auf den ersten Blick an die Weiß-Tanne (Nr. 2), aber den frischgrünen, weichen Nadeln fehlen auf der Unterseite die weißen Streifen. Die Knospen sind schlank und spitz und ähneln denen

der Rot-Buche (Nr. 49). Die Zapfen hängen von den Zweigen herab und fallen zur Reifezeit im ganzen ab. Die an der Spitze dreizipfeligen Deckschuppen ragen zwischen den Samenschuppen hervor. Die junge Rinde ist glatt und wie die der Küsten-Tanne (Nr. 5) mit zahlreichen Harzbeulen versehen. Mit zunehmendem Alter bekommt die Douglasfichte eine charakteristische rissige Borke.

Der Baum ist im westlichen Nordamerika zu Hause und wächst dort am besten in den Küstengebieten, wo er eine Höhe von 100 m erreichen kann. Landeinwärts findet man ihn in einer etwas abweichenden Form mit graugrünen Nadeln, die dann als Graue Douglasie, *Pseudotsúga menziésii* var. *cáesia* bezeichnet wird. Im Binnenland weiter südlich wächst eine weitere Abart, die Blaue Douglasie oder Kolorado-Douglasie, *Pseu-*

dotsúga menziésii var. *gláuca*. Sie hat blaugraue Nadeln und kleinere Zapfen mit sehr langen Deckschuppen. Man findet sie häufig in Gärten und Parks angepflanzt, wo sie einigermaßen gut gedeiht. In Wäldern wird sie sehr häufig von Pilzen befallen. In Deutschland wird ausschließlich die Küsten-Douglasie als Waldbaum angepflanzt, da sie schneller wächst und gegen Pilzkrankheiten weniger anfällig ist. Eine Zeitlang fürchtete man, daß eine Krankheit, der Rußtau, den Anbau der Küsten-Douglasie unmöglich machen würde. Aber es hat sich gezeigt, daß viele befallene Pflanzungen die Krankheit überstanden haben. Vermutlich sind nur schwache, anfällige Bäume vernichtet worden. Deshalb sollte nur Samen von widerstandsfähigen Pflanzen zur Aussaat verwendet werden. Das Holz der Douglasfichte ähnelt dem Kiefernholz, es hat einen gelblichweißen Splint und einen rotbraunen Kern. Gute Qualitäten dieses Holzes sind besonders für Haus- und Schiffsbau und für Tischlerarbeiten gefragt.

Douglasfichte

10. Westamerikanische Hemlocks- oder Schierlingstanne
Tsúga heterophýlla

Die amerikanischen Pioniere nannten diesen Baum Hemlock, weil der Geruch zerdrückter Nadeln an manche Doldenblütler (englisch hemlock) erinnert. Ebenfalls auf einen Doldenblütler geht die Bezeichnung Schierlingstanne zurück, obwohl der Geruch eher an die Blätter der Mohrrübe, gleichfalls einen Doldenblütler, erinnert.

Die Krone der Hemlockstanne ist unten breit und wird zur Spitze hin schlank mit stark hängenden oberen Zweigen. Die kurzen, linealischen Nadeln haben unterseits zwei helle

Streifen. Die hängenden Zapfen sind klein und ungestielt. Die Deckschuppen sitzen verborgen zwischen den oberseits hellen, unterseits dunkleren Samenschuppen. Die Winterknospen sind rund und fest. Da Seitenzweige an mehreren Stellen des Jahressprosses abgehen, ist die Verzweigung nicht wirtelig wie bei Fichte und Kiefer. Eine sehr nahe verwandte Art, die Kanadische Hemlockstanne, *Tsúga canadénsis*, ist häufig in Gärten und Parks anzutreffen. In Europa wächst sie fast immer breitkronig, buschig und mehrstämmig. Außerdem hat sie spitze Winterknospen und kurzgestielte Zapfen. Die Nadeln verjüngen sich gleichmäßig zur Spitze hin.

Die Westamerikanische Hemlockstanne ist von Kalifornien bis zum südlichen Alaska verbreitet und ist ein wichtiger Bestandteil der sogenannten Douglasien-*Thúja*-Wälder, in deren tiefem Schatten sie wächst. Bei uns findet man sie nur selten im Wald angepflanzt. Das kernlose Holz wird in den USA vorzugsweise zur Papierherstellung verwendet.

Westamerikanische Hemlockstanne

11. Europäische Lärche
Lárix decídua

Das Wort Lärche geht auf das lateinische *Lárix* zurück, dessen Bedeutung unbekannt ist.

Die Lärchen-Arten werfen im Gegensatz zu den übrigen hier besprochenen Nadelbäumen ihre Nadeln im Winter ab und besitzen zweierlei Zweige. Die diesjährigen sind als Langtriebe mit spiralig stehenden Nadeln ausgebildet. An den vorjährigen dagegen entwickeln sich Kurztriebe mit dichten Nadelbüscheln.

Die Europäische Lärche hat graugelbliche Jahressprosse mit 2-3 cm langen, frischgrünen, im Querschnitt flachen Nadeln.

Sie blüht schon Ende April. Die männlichen Blüten sitzen an nadellosen Kurztrieben, während die weiblichen Blüten, deren Deckschuppen leuchtend rot gefärbt sind, an nadeltragenden Kurztrieben gebildet wer-

den. Die Samenschuppen sind zur Blütezeit sehr klein und grün bis schwach rötlich. Der reife Zapfen ist hellbraun, 2,5-4 cm lang und 1,5-2 cm breit. Die dünnen Samenschuppen sitzen locker an der Zapfenachse und sind am Ende nicht zurückgebogen. Die Deckschuppen haben die gleiche Farbe wie die Zapfenschuppen und ragen teilweise zwischen ihnen hervor.

Die Europäische Lärche kommt wild nur in den höheren Lagen der europäischen Hochgebirge (Alpen, Karpaten und Sudeten) dicht unter der Baumgrenze vor. Durch die moderne Forstkultur ist sie in den Mittelgebirgen und im Tiefland häufig als Waldbaum anzutreffen. Sie wird von einer ernsten Gefahr bedroht, dem Lärchenkrebs. Diese Krankheit wird durch einen Pilz hervorgerufen und verursacht Wucherungen und Knoten an Zweigen und Stämmen und endet meist mit dem Tode des Baumes. Die Krankheit war Ende des vorigen Jahrhunderts so verbreitet, daß man die Europäische Lärche als Waldbaum aufgeben wollte und sie jahrelang fast nicht anpflanzte. Doch werden nicht alle ihre Formen von der Krankheit gleich stark befallen.

Europäische Lärche

Man findet deshalb heute in ganz Deutschland wieder sehr schöne junge Pflanzungen in den Wäldern.

Das Holz hat eine gelblichweiße, oft nur dünne Splint-Schicht und einen rotbraunen Kern. Gutgewachsene Stämme der Lärche sind sehr wertvoll und werden unter anderem zu Boots- und Schiffsmasten und zu Schiffsplanken verarbeitet. Das Lärchenholz wird außerdem in der Bauindustrie verwendet.

12. Japanische Lärche
Lárix leptólepis

Der Name Japanische Lärche deutet auf die Heimat des Baumes hin.

Die Japanische Lärche hat hell rotviolette, oft blau bereifte Sprosse mit 3-3,5 cm langen, blaugrünen Nadeln. Die Zapfen sind 1,5-4 cm lang und die Samenschuppen an der Spitze zurückgebogen. Dadurch ist der Zapfen leicht von dem der Europäischen Lärche (Nr. 11) zu unterscheiden. Typisch für die Japanische Lärche sind weiterhin die langen, kräftigen und weit ausladenden Zweige, die dem Baum ein breit kugelförmiges Aussehen geben.

Diese Lärche ist im Inneren der Insel Hondo beheimatet, wird aber auch in Nord- und Südjapan angepflanzt. Im Gegensatz zu der Europäischen Lärche ist die Japanische Lärche gegen Lärchenkrebs widerstandsfähig. Da aber die dicken Zweige große Astlöcher ergeben, ist das Holz nicht so wertvoll wie das der Europäischen Lärche. Man hat also zwei Lärchen-Arten, von denen die eine gutes Holz liefert, aber vom Lärchenkrebs befallen wird und die andere schlechteres Holz ergibt, aber gegen die Krankheit widerstandsfähig ist. Durch Kreuzen der beiden Arten ist es gelungen, einen Baum zu züchten, der die guten Eigenschaften beider Eltern in sich vereinigt. Er ist besser gewachsen und feiner verzweigt als die Japanische Lärche und dabei

wiederstandsfähig gegen Lärchenkrebs. Zudem wächst die Kreuzung schneller als die Elternarten. Der lateinische Name für diese Bastard-Lärche ist *Lárix × eurólepis.*

Japanische Lärche

13. Wald-Kiefer oder Föhre
Pínus silvéstris

Man vermutet, daß sich der Name Föhre von dem lateinischen Wort Quercus (= Eiche) herleitet und ursprünglich für die Eiche verwendet worden ist. Nach dem Glauben unserer Vorfahren wohnen in den Eichen Götter. Um deren Macht zu brechen, soll der Name Föhre auf die Kiefer übertragen worden sein.

Bei allen Kiefern stehen die Nadeln zu 2-5 an Kurztrieben und sind am Grunde von einer gemeinsamen Scheide umgeben. Die Kurztriebe wiederum sitzen an Langtrieben in den Achseln schuppenförmiger Blättchen. Die Wald-Kiefer gehört zur Gruppe der 2nadeligen Kiefern. Die Nadeln sind 4-6 cm lang und blaugrün.

Im Mai-Juni stäuben die männlichen Blüten. Sie sitzen am Grunde von Langtrieben anstelle der nadeltragenden Kurztriebe und erzeugen große Mengen von Blütenstaub. Nach dem Verblühen fallen sie ab und hinterlassen ein unbenadeltes Zweigstück. Die weiblichen Blütenzapfen sitzen an den Spitzen der Jahressprosse. Sie sind rot und etwa erbsengroß.

Vor der Bestäubung stehen sie aufrecht, danach biegen sie sich nach unten um. Die Befruchtung findet erst ungefähr ein Jahr nach der Bestäubung statt, und erst dann beginnen die Zapfen zu wachsen. Zwei Jahre nach der Bestäubung reifen die Samen und werden zu Beginn des dritten ausgestreut und – da sie mit einem großen, häutigen Flügel versehen sind – durch den Wind verbreitet. Die reifen Zapfen sind matt graubraun bis gelbbraun und hängen an einem kurzen gebogenen Stiel. Die Schilder der Samenschuppen sind in der Regel flach.

Bei den jungen Kiefern sitzen die Äste in etageweisen Kränzen (Wirteln) am Stamm. Zwischen ihnen bilden sich im Gegensatz zur Fichte

(Nr. 6) niemals weitere Seitenzweige. Mit dem Alter löst sich die Hauptachse auf, und der Baum bekommt seine charakteristische Krone. Wie von der Fichte gibt es von der Föhre viele verschiedene Formen, von denen die zwei wichtigsten die nordische Rasse mit langgestreckter, auch im hohen Alter spitzer Krone und die mitteleuropäische Rasse mit breiter und flacher Krone sind.

An den Stämmen junger und in der Krone älterer Föhren ist die Rinde kräftig rotgelb und löst sich in papierdünnen Schuppen ab. Am Grunde älterer Stämme und Zweige ist sie dick, rissig und dunkel rotbraun bis schwarzbraun. Das Wurzelsystem der Föhre ist meist sehr kräftig. Es besteht aus einer langen, dicken Pfahlwurzel mit mehreren starken, langgestreckten Seitenwurzeln. Die Föhre wird deshalb selbst von starken Stürmen nur selten entwurzelt.

Die Wald-Kiefer ist ein Lichtbaum, das heißt, sie verträgt viel Licht und benötigt viel Licht zum Leben. Darum sind Föhrenwälder licht und hell mit einer auf besseren Böden reichen Bodenflora, in der meist Gräser überwiegen. Daneben ist oft noch eine Strauchschicht entwickelt. Die Föhre kann vom Kiefern-Spanner, *Bupalus piniárius*, befallen werden, dessen Larven besonders auf Bäumen mittleren Alters leben. Sie verzehren häufig nahezu alle Nadeln eines Baumes und bringen ihn zum Absterben. In Deutschland hat der Kiefern-Spanner schon große Schäden angerichtet. Die Föhre ist von Europa bis nach Ostasien verbreitet. In Deutschland kommt sie im Gebirge vor und bildet in den Ebenen, besonders auf Sandboden, ausgedehnte Wälder.

Das Holz hat einen kräftig rotbraunen Kern und einen dicken, gelblichweißen Splint. Es findet vielseitige Verwendung. Gut gewachsenes, astfreies und schmalringiges Holz ist sehr gefragt.

Die Blockhäuser und Stabkirchen Norwegens, die oft ein ansehnliches Alter (etwa 800 Jahre) haben, sind aus Kiefernstämmen gebaut. Die Verwendung in der Bauindustrie ist in Deutschland auch heute noch bedeutend.

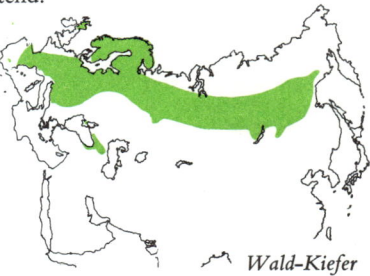

Wald-Kiefer

14. Berg-Kiefer
Pínus múgo

Die Berg-Kiefer kommt, wie der Name sagt, ausschließlich im Gebirge wild vor. In Gärten werden häufig die Zwerg- und die Krummholz-Kiefer, zwei niedrige Abarten, angepflanzt.

Wie die Wald-Kiefer (Nr. 13) hat die Berg-Kiefer in jedem Nadelbüschel zwei Nadeln, aber diese sind rein grün, nicht blaugrün. Die Zapfen stehen waagerecht von den Zweigen ab. Die Samenschuppen haben einen glatten, braunen Buckel, dessen Form

stark variiert. Diese Kiefer kommt als Busch oder mehrstämmiger Baum vor, dessen Stämme am Grunde mehr oder weniger gekrümmt sind.

Von der Berg-Kiefer unterscheidet man vier Abarten:

Die Zwerg-Kiefer oder Latsche, *Pínus múgo* var. *pumílio,* bleibt niedrig und bildet flache, bis 3 m breite Sträucher mit niederliegenden Ästen. Selten kann sie auch baumartig werden. Die dichtstehenden, verschieden langen Äste richten sich am Ende meist auf. Die Zapfen sind symmetrisch, fast sitzend, eiförmig bis kugelig, jung bläulich, reif gelb bis braun. Die Schilder der Samenschuppen werden durch eine Leiste in eine größere, konvexe obere und kleine, konkave untere Hälfte geteilt. Der Nabel auf der Mitte der Schilder ist eingedrückt.
Die Zwerg-Kiefer kommt wild in den Alpen, im Schwarzwald, Schweizer Jura, im Böhmerwald, Fichtelgebirge, Riesengebirge und in den Karpaten vor. Sie wird häufig angepflanzt.

Die Krummholz-Kiefer, *Pínus múgo* var. *múghus,* bleibt ebenfalls meist niedrig, strauchig und bildet nur selten

Bäume. Die Zapfen sind symmetrisch, ei-kegelförmig, kurz- oder ungestielt, gelbbraun und reif zimtbraun. Die Schuppenschilder besitzen einen scharfen Querkiel und einen kleinen stechenden Dorn.
Diese Kiefer kommt in den Ostalpen und auf dem Balkan wild vor und ist häufig in unseren Anlagen zu finden.

Die Sumpf-Kiefer *Pínus múgo* var. *rotundáta* bildet in der Regel bis zu 10 m hohe, mehrstämmige Bäume. Die Zapfen sind schief und bis 4 cm lang. Die Schuppenschilder sind zu 4seitigen, abstehenden Pyramiden verlängert.
Die Heimat der Sumpf-Kiefer sind die mitteldeutschen Gebirge, die Alpen und die Karpaten. Sie wird seltener als die vorhergehenden Abarten angepflanzt.

Die Haken-Kiefer *Pínus múgo* var. *rostráta* wird ebenfalls meist baumförmig, mitunter bis zu 25 m hoch, und wächst stets einstämmig. Die Zapfen sind sehr schief und 4–6 cm lang und die Schuppenschilder als 4seitige, hakenförmig zurückgekrümmte Pyramiden ausgebildet.
Die Haken-Kiefer wächst wild in den Westalpen, im Schweizer Jura, im Schwarzwald, im Böhmerwald und im Erzgebirge.

Berg-Kiefer

Das Holz der oft gekrümmten Stämme der Berg-Kiefer hat einen breiten Splint und einen kleinen, dunkelbraunen Kern. Es wird ausschließlich als Brennholz verwendet. Aus den Nadeln gewinnt man ätherische Öle, die zu Badesalz verarbeitet werden.

15. Schwarz-Kiefer
Pínus nígra

Der Name Schwarz-Kiefer entspricht dem lateinischen *Pínus nígra* und weist auf die tief dunkelgrünen Nadeln und den bis an die Spitze schwarzgrauen Stamm hin. Dadurch erscheinen die Bäume im Vergleich zur Wald-Kiefer (Nr. 13) düster und schwarz.

Die Schwarz-Kiefer hat 10-15 cm lange, dunkelgrüne, dichtstehende Nadeln. Die Zapfen sind größer als die der vorhergehenden Arten und die Samenschuppen breiter. Sie haben ein braunes Schild mit einem dunklen Nabel und einer deutlichen Querleiste. Im übrigen sind die Schuppen schwarzbraun.

Schwarz-Kiefer

Die Schwarz-Kiefer wächst zu stattlichen, bis zu 30 m hohen Bäumen heran, deren Stämme mit einer dunkelgrauen, rissigen Borke bedeckt sind. Man findet sie häufig in Gärten und Parks. In der Forstwirtschaft ist ihr Anbau begrenzt, da es sich bei einigen Sorten der Schwarz-Kiefer gezeigt hat, daß sie für eine Pilzkrankheit, die die Nadeln zum Welken und Absterben bringt, sehr anfällig sind. Auf trockenen und kalkhaltigen Böden ist die Schwarz-Kiefer den meisten anderen Holzarten überlegen. Sie ist widerstandsfähig gegen Wind und kann deshalb an rauhen Stellen angepflanzt werden. Auf Grund dieser Eigenschaften ist es gelungen, mit ihr trockene, steile Muschelkalkhänge aufzuforsten. Bei uns wird meist die österreichische Rasse, *Pínus nígra* var. *austríaca* angepflanzt.

16. Banks-Kiefer
Pínus banksiána

Die Banks-Kiefer ist nach dem englischen Botaniker Sir Joseph Banks benannt, der sie auf einer Reise nach Labrador im Jahre 1766 entdeckte.

Sie ist ein unregelmäßig verzweigter Baum mit 2-5 cm langen, etwas gekrümmten, hellgrünen Nadeln und unterscheidet sich, wie auch die Dreh-Kiefer (Nr. 17), von den übrigen 2nadeligen Kiefern-Arten dadurch, daß sie sowohl an der Spitze als auch in der Mitte der Triebe Zapfen bilden kann. Die Zapfen, deren Samenschuppen einen frühzeitig abfallenden Dorn tragen, sind hell graubraun und stark gekrümmt. Sie benötigen zum Öffnen hohe Temperaturen. Werden diese nicht erreicht, so können sie mehrere Jahre ungeöffnet am Baum hängen bleiben. In der Heimat dieser Kiefer, dem nördlichen Nordamerika, öffnen sich

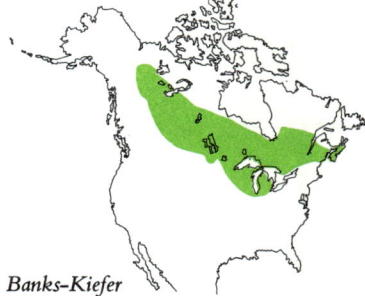

Banks-Kiefer

die meisten Zapfen erst bei Waldbränden. Dadurch wird der Samen als einer der ersten über das verbrannte Gebiet verbreitet. Er keimt schnell, und die Banks-Kiefer bildet bereits geschlossene Wälder, bevor andere Bäume Fuß fassen können. Kiefern mit dieser eigenartigen Vermehrung werden in Amerika Close-Pines genannt.

Die Banks-Kiefer ist ein in der Jugend schnellwachsender Baum, dazu genügsam und abgehärtet und gedeiht gut in kalten Gebieten.

17. Dreh-Kiefer
Pínus contórta
Der deutsche und der lateinische Name weisen auf die stark gedrehten Nadeln hin, die diese Kiefer mit der Banks-Kiefer gemeinsam hat.

Die Dreh-Kiefer ist ein Busch oder ein kleiner Baum mit dunkler Borke und 3-5 cm langen, dunkelgrünen Nadeln. Die verhältnismäßig schmalen Zapfen sind ein wenig schief und mit einem bleibenden Dorn am Nabel der Schuppenschilder versehen. Wie bei der Banks-Kiefer (Nr. 16) erscheinen die Zapfen meist in der Mitte der Langtriebe.

Die Dreh-Kiefer wächst in den Küstengegenden des westlichen Nordamerika wild und wird bei uns zum Bepflanzen von Dünen verwendet. Für die Forstwirtschaft ist dagegen die nahestehende Murrays-Kiefer, *Pínus contórta* var. *latifólia* von größerer Bedeutung. Sie ist ein bis zu 25 m hoher Baum mit hellgrauer, glatter Rinde, die an die der Eberesche (Nr. 68) erinnert, und hat 4-7,5 cm lange, gelbgrüne Nadeln. Die Zapfen sind sehr schief und oft größer als die der Dreh-Kiefer. Die Heimat der Murrays-Kiefer ist ebenfalls das westliche Nordamerika. Dort kommt sie in den Gebirgen des Binnenlandes vor. Früher war der Unterschied dieser zwei Kiefern nicht genau bekannt, und es wurden große Mengen von «Murrayana»-Samen eingeführt, der sich später als der der strauchigen Dreh-Kiefer entpuppte. Besonders die Dreh-Kiefer wird oft sehr stark vom Kiefern-Wickler, *Rhyaciónia buoliána,* befallen. Die Larven dieses Schädlings überwintern in den Knospen und, nachdem sie diese zerstört haben, fressen sie an den jungen Trieben weiter, die dann entweder welken oder sich krümmen und biegen.

Dreh-Kiefer

Murrays-Kiefer

18. Zirbel-Kiefer oder Arve
Pínus cémbra
Das Wort Zirbel bedeutet eigentlich Wirbel und leitet sich von dem mittelhochdeutschen Wort «werben» = sich drehen her. Ähnlich ist das lateinische Wort für Zapfen, strobilus, zu erklären, das von einem griechischen Wort mit der Bedeutung von drehen, wirbeln abgeleitet wird.

Im Gegensatz zu allen früher besprochenen Kiefern-Arten hat die Zirbel-Kiefer in jedem der dicht stehenden Nadelbüschel 5 Nadeln. Diese sind dunkelgrün, 5–12 cm lang und etwa 1,5 mm dick. Sie haben

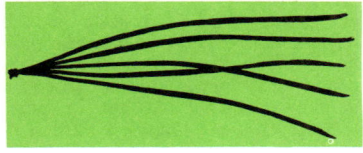

einen dreieckigen Querschnitt. Die jungen Triebe sind dicht braunfilzig. Die Zapfen sind kurz (5–8 cm) und dick (3–5 cm). Reif sind sie hellbraun und enthalten große flügellose Samen, die eßbar und wohlschmeckend sind (Zirbelnüsse).

Die Zirbel-Kiefer wird etwa 25 m hoch und bekommt im Alter eine breite, runde Krone. Einzeln stehende Bäume behalten lange Zeit ihre Äste bis zur Erde herab.

Das Holz hat einen hellen Splint und einen hell rotbraunen Kern. Es ist sehr leicht und läßt sich nur schwer biegen. Früher war es die bevorzugte Holzart für die berühmten Schnitzereien aus Tirol. Weiterhin wird es für Möbel und für vieles mehr verwendet. Da die Zirbel-Kiefer kaum angepflanzt wird und die natürlichen Bestände in den Alpen immer mehr

Zirbel-Kiefer

zurückgehen, ist das Holz nur schwierig zu bekommen.

Das natürliche Verbreitungsgebiet umfaßt kleinere Gebiete in den Alpen und Karpaten und große im nordöstlichen Rußland und nördlichen Asien. In den Alpen kommt die Zirbel-Kiefer an der Baumgrenze vor.

19. Weymouths-Kiefer
Pínus stróbus

Die Weymouths-Kiefer wurde nach dem englischen Lord Weymouth benannt, der als erster diesen Baum in größerem Umfang in Europa anpflanzte, nämlich auf seinem Gut Longleat in Wiltshire zu Beginn des 18. Jahrhunderts.

Auch die Weymouths-Kiefer hat in jedem Nadelbüschel 5 Nadeln. Sie sind dünn, 6–14 cm lang, etwa 0,5 mm breit, blaugrün, weich und biegsam. Die jung grünen, später bräunlichen Triebe sind mehr oder weniger behaart. Die sehr charakteristischen Zapfen sind 10–15 cm lang, schlank, nach unten gebogen und haben verhältnismäßig dünne, locker stehende Samenschuppen. Die Rinde des Stammes bleibt glatt und olivbraun und wird erst im Alter rissig und grau.

In den nordöstlichen Nordamerika kann die Weymouths-Kiefer eine Höhe von 50 m erreichen. Sie könnte auch für uns ein wertvoller Waldbaum sein, wenn sie nicht so empfindlich gegen den Befall eines Pilzes, des Blasen-Rostes, *Cronártium ribícola*, wäre. Dieser Rostpilz benötigt für seinen Lebenszyklus sowohl verschiedene Johannisbeer-Arten – im besonderen die Schwarze Johannisbeere – als auch die Weymouths-Kiefer. Man nennt diese Erscheinung einen Wirtswechsel. Im übrigen ist die Krankheit ein Beispiel für die Auswirkungen, die ein Eingriff in die Natur haben kann: Die Weymouths-Kiefer wurde im 18. Jahrhundert von Amerika nach Europa gebracht und stellte sich als abgehärtet und schnellwüchsig heraus. Deshalb wurde sie sehr viel in den Wäldern angebaut. Um 1850 herum wurde vom ersten Fund des Blasen-Rostes berichtet. Er griff bald so stark um sich, daß der Anbau der Weymouths-Kiefer in Europa eingeschränkt werden mußte. Der Schaden war verhältnismäßig gering. Eine wirkliche Katastrophe trat erst ein, als der Blasen-Rost, der in Amerika nicht vorkam, mit kranken Weymouths-Kiefern-Pflanzen, die die Amerikaner von europäischen Baumschulen importierten, nach dort gebracht wurde. Als die Krankheit die ausgedehnten natürlichen Weymouths-Kiefern-Wälder Amerikas befiel, wurde in 30 Jahren ein Schaden angerichtet, den man auf Hunderte von Millionen Dollars schätzte. Wie überall, wo Krankheiten grassieren, erwiesen sich einige Individuen als widerstandsfähig, und mit diesen arbeiten jetzt die Züchter, um widerstandsfähige Sorten heranzuziehen. Das Holz der Weymouths-Kiefer hat einen weißgelben Splint und einen gelbroten Kern. Es ist leicht und sehr weich und hat viele spezielle Verwendungen. Man kann den Baum noch häufig in unseren Wäldern sehen.

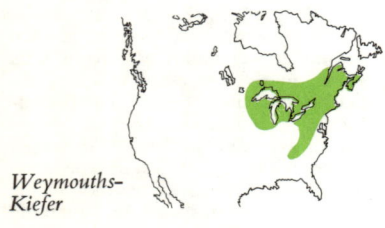

Weymouths-Kiefer

Zypressengewächse *Cupressáceae*

20. Riesen-Lebensbaum
Thúja plicáta

Das Wort *Thúja* ist ein altes griechisches Wort, das einen nordafrikanischen Baum mit wohlriechendem Holz bezeichnet. Da wohlriechende Dinge, u.a. duftende Hölzer, oft zu Opferhandlungen benutzt wurden, ist es wahrscheinlich, daß der Name auf einen alten Anwendungszweck hindeutet (das griechische thyo bedeutet Opfer). Vermutlich jedoch ist mit diesem Namen ursprünglich eine andere Pflanze bezeichnet worden. Der Name Riesen-Lebensbaum deutet auf seine Höhe hin. In seiner Heimat kann er 60 m hoch werden.

Mit dem Riesen-Lebensbaum kommen wir zu einer neuen Familie der Nadelhölzer, zu den Zypressengewächsen, von denen sich die *Thúja*- und *Chamaecýparis*-Arten durch schuppenförmige Blätter auszeichnen. Nur die Keimlinge und einige Jugendformen haben nadelförmige Blätter. Die Triebe sind sehr flach und regelmäßig fiederähnlich verzweigt. Auf der Oberseite sind sie kräftig dunkelgrün; unterseits haben sie meist scharf abgegrenzte, graugrüne Felder. Auf jedem Blatt findet man in der Regel eine undeutliche Drüse.

Die männlichen und weiblichen Blüten sitzen jede für sich auf dem gleichen Baum an der Spitze von kurzen Zweigen. Die länglichen, ungefähr 1 cm langen Zapfen bestehen aus einigen (10-12) übereinanderliegenden Samenschuppen. Der Gipfeltrieb des Baumes steht aufrecht, und die Krone eines freistehenden Baumes ist regelmäßig kegelförmig.

Die Heimat des Riesen-Lebensbaumes ist das westliche Nordamerika. Von dort wurde er um 1850 nach Europa gebracht. Man sieht ihn oft in Parks, im Wald wird er selten angepflanzt.

Das Holz ist von sehr guter Qualität. Es ist leicht und zäh, mit einem hellbraunen Kern und einem gelblichweißen Splint. Es ist auch ohne Imprägnierung fast unbegrenzt haltbar. Die auch im Winter grünen Zweige werden als Ziergrün zur Weihnachtszeit verwendet. Aus diesen Gründen und da der Baum auch bei uns schnell wächst, kann er an geeigneten Stellen ein wertvoller Waldbaum sein.

Die jungen Sämlinge des Riesen-Lebensbaumes werden oft von einer Pilzkrankheit befallen, und zahlreiche Pflanzen gehen zugrunde. Deshalb ist es schwer, Sämlinge großzuziehen. Da es sich bei Versuchen gezeigt hat, daß dieser Pilz nur Sämlinge befällt, ist man dazu übergegangen, anstatt des Samens Stecklinge von einem gesunden Mutterbaum zu ziehen.

großem Umfang als Zier- und Heckenpflanze verwendet. Die Zweige verfärben sich oft im Winter gelbgrün und sind daher als Schmuckgrün nicht sehr geschätzt.

Riesen-Lebensbaum

Abendländischer Lebensbaum

21. Abendländischer Lebensbaum
Thúja occidentális

Der Abendländische Lebensbaum hat flachere Triebe als der Riesen-Lebensbaum (Nr. 20). Die Unterseite der Triebe ist bedeutend heller als die grüne Oberseite. Die Blätter sind mit sichtbar gewölbten, runden Drüsen

versehen. Die Verzweigung der Triebe ist weniger regelmäßig als bei der vorhergehenden Art, und die Zapfen sind kleiner.

Der Abendländische Lebensbaum ist eine äußerst vielgestaltige Pflanze mit vielen Farb- und Formvarianten. Er wächst im östlichen Nordamerika wild und ist einer der ersten amerikanischen Bäume, die nach Europa gebracht wurden. Er wächst nur langsam und ist deshalb für den Waldbau nicht geeignet. Dagegen wird er in

22. Lawsons-Scheinzypresse
Chamaecýparis lawsoniána

Der Name Lawsons-Scheinzypresse ist nach der lateinischen Artbezeichnung gebildet, die dem Baum zu Ehren des schottischen Gärtners Peter Lawson aus Edinburgh gegeben wurde. Wie alle Arten der Gattung *Chamaecýparis* hat auch diese kugelförmige Zapfen mit buckeligen, holzigen Fruchtschuppen. Der Baum hat im Gegensatz zum Riesen-Lebensbaum (Nr. 20) einen hängenden Gipfeltrieb, und die Zweige sind schmaler und dünner. Sie haben eine grüne Oberseite und eine mehr oder weniger weiße bis weißgraue, unregelmäßig gesprenkelte Unterseite.

Die Lawsons-Scheinzypresse stammt aus dem südlichen Oregon und wurde 1855 nach Europa gebracht. Zuerst wurde sie ausschließlich in Parks und Gärten in unzähligen Form- und Farbvarianten angepflanzt, aber mit der Zeit wurde sie auch für die Forstwirtschaft ein wichtiger Baum. Ihre Zweige bilden ein geschätztes und wertvolles Ziergrün.

Das Holz ist leicht, hat einen bräunlichen Kern und einen hellen Splint. Es zeichnet sich durch seinen Gehalt an ätherischen Ölen aus, deren Geruch Motten vertreibt. Schränke und Kisten aus dem Holz dieser Scheinzypresse sind deshalb mottensicher.

Lawsons-Scheinzypresse

23. Wacholder
Juníperus commúnis

Die verschiedenen Wacholder-Arten bilden innerhalb der Zypressengewächse eine besondere Gruppe, die Beerenzapfen hervorbringt. Die Zapfenschuppen sind nicht frei und verholzt wie bei den anderen Nadelbäumen, sondern sind zusammengewachsen, saftig und fleischig und täuschen Beeren vor.
Der wildwachsende Wacholder ist durch seine pfriemlichen, spitzen, zu dreien angeordneten Nadeln gekenn-

zeichnet. Ihre Oberseite ist mehr oder weniger blaugrün, die Unterseite dunkelgrün.
Der Wacholder ist eine zweihäusige Pflanze, das heißt, die männlichen und weiblichen Blüten befinden sich nicht zusammen auf einem Strauch, sondern auf getrennten männlichen oder weiblichen Sträuchern. Die Blüten erscheinen im Mai-Juni vor dem Austrieb der Blätter, die männlichen sind gelb und leicht zu erkennen, die weiblichen grünlich und weniger auffallend. Die Zapfen reifen im Laufe von zwei Jahren. Im ersten sind sie grün oder blaugrün und reifen im zweiten zu dunkelblauen, weiß bereiften Beerenzapfen heran.
Die dünne Rinde ist graubraun bis rotbraun, wird im Alter faserig und schält sich in langen, schmalen Streifen vom Stamm. Das haltbare und zähe Holz hat einen rotbraunen Kern und gelbweißen Splint. Es hat einen charakteristischen Geruch.
Die größeren Stämme des Wacholders können zu feineren Werkarbeiten verwendet werden, die langen Stangen dienen zum Einzäunen. Die dünneren und biegsamen Zweige werden zum Flechten von Körben und zum Räuchern von Fleischwaren benutzt. Der Wacholder ist häufig ein stark verzweigter Strauch von sehr veränderlicher Form. Es gibt kriechende Abarten, die nur 40 cm hoch werden, oder andere einstämmige, baumartige, die bis zu 12 m Höhe erreichen können.
Im Aberglauben und in der älteren Volksmedizin haben die Beerenzapfen, die etwa 1% Wacholderöl enthalten, eine große Rolle gespielt. Der Absud der Beeren wurde gegen verschiedene Krankheiten, z.B. Rheumatismus, und als bakterientötendes Mittel benutzt.
Eine kleine Mücke verursacht durch ihren Stich eigentümliche Nadelgallen, sogenannte «Keuchbeeren», die als Heilmittel gegen den Keuchhusten angewandt wurden. Heute werden Wacholderbeeren vor allen Dingen zur Herstellung von Gin, Genever und Steinhäger verwendet. Der Wacholder wächst in Europa, Nordafrika, dem nördlichen Asien

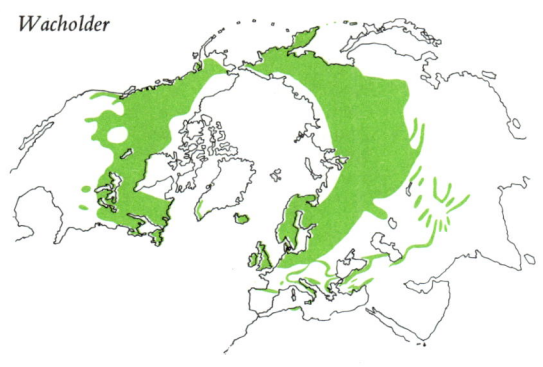

und in Nordamerika wild. Er ist der am weitesten verbreitete Nadelbaum.

Ginkgogewächse *Ginkgoáceae*

23a. Ginkgobaum
Ginkgo bíloba

Das Wort *Ginkgo* leitet sich vom japanischen Ginkyo ab, was zu deutsch Silberaprikose bedeutet. Diese Bezeichnung bezieht sich offenbar auf die fahl gelben, pflaumenähnlichen Samen.

Bei flüchtigem Hinsehen würde man diesen Baum für einen Laubbaum halten. Die langgestielten, 5–8 cm breiten Blätter sind breit-keilförmig und vorn meist mit einem mehr oder weniger tiefen Einschnitt versehen. Bei genauer Betrachtung fällt jedoch auf, daß die Nerven nicht, wie bei den Laubbäumen, netzförmig, sondern mehrfach gabelig verzweigt sind.

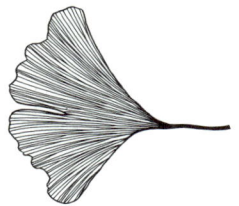

Außerdem sind die Samenanlagen nicht in einen Fruchtknoten eingeschlossen, sondern sitzen nackt zu zweien am Ende längerer Stiele. Der Ginkgo gehört deshalb, wie unsere Nadelhölzer, zur Gruppe der Nacktsamer.

Seine zahlreichen im Erdmittelalter und der Tertiärzeit weit verbreiteten Verwandten sind heute alle ausgestorben. Er ist der letzte Vertreter einer großen Pflanzenfamilie, ein «lebendes Fossil». Aus den Samenanlagen entwickeln sich etwa 2,5 cm große, fast kugelige Samen. Die äußere Samenschale wird zur Reifezeit fleischig und riecht nach ranziger Butter. Die innere Samenschale ist hart und erinnert an den Steinkern der Steinfrüchte. Da diese beiden Schichten jedoch aus der nackten Samenanlage hervorgehen, können wir sie nicht als Frucht, sondern müssen sie als Samen bezeichnen. Der Kern ist weich und wohlschmeckend und wird in Ostasien gegessen. Die männlichen Blüten stehen in Kätzchen beisammen. Der Ginkgo blüht im Frühjahr. Im Herbst sind die weiblichen Bäume – der Ginkgo ist zweihäusig – oft über und über mit den reifen Samen behangen.

Der Ginkgo bildet große, bis zu 40 m hohe Bäume von unterschiedlicher Gestalt und kann sehr alt werden. Die Krone ist entweder schmal oder sehr breit ausladend. Die Borke alter Stämme ist tief gefurcht. Die Blätter sitzen wechselständig an den Langtrieben oder zu 3–5 in Büscheln an Kurztrieben. Die Blätter färben sich im Herbst gelb und werden abgeworfen. Den Ginkgo trifft man bei uns sehr häufig in Parks und Anlagen an. Er ist 1730 aus Ostasien nach Europa eingeführt worden. In China und Japan kommt er angepflanzt fast nur in der Nähe von Tempeln vor und ist wild nur in einem kleinen Gebiet in der Provinz Chekiang in China festgestellt.

Weidengewächse *Salicáceae*

24. Zitter-Pappel oder Espe
Pópulus trémula

Die Bedeutung des Wortes *Pópulus* ist ziemlich unklar. Man glaubt, daß es von dem griechischen Wort paipallo kommt, das zittern bedeutet. Dies würde auf das im Winde zitternde Laub des Baumes hindeuten. Die gleiche Bedeutung hat der lateinische Artname *trémula*.
Die Zitter-Pappel ist an ihren kreisförmigen, gezähnten Blättern mit langen, stark flachgedrückten Stielen und den glatten, spitzen, nicht klebrigen Knospen zu erkennen.

Wie alle Pappeln ist auch diese Art eine zweihäusige Pflanze mit getrennten männlichen und weiblichen Bäumen. Die Blüten sitzen in langen, hängenden Kätzchen. Die männlichen Kätzchen sind hellrot gefärbt. Die Früchte sind Kapseln, die sehr viele kleine Samen enthalten. An den Samen befinden sich wollartige, lange Haare, die zur Verbreitung durch den Wind dienen. Die Zitter-Pappel blüht im März-April, während die Blätter erst im Mai austreiben. Vor dem Laubfall im Herbst färben sich die Blätter leuchtend goldgelb, orange und purpurn.
Die Rinde der jungen Bäume ist glatt und weißgrau. Erst an alten

Stämmen bildet sich eine dunkelgraue, rissige Borke. Ein Teil der Wurzeln verläuft dicht unter der Erdoberfläche. Aus ihnen brechen oft zahlreiche Wurzelsprosse hervor. Ihre Blätter sind – von den übrigen abweichend – herz-eiförmig, spitz, kurzgestielt und oft sehr groß. Blatt-

form, Blattgröße, Ausschlagzeit und Form des Baumes variieren bei der Zitter-Pappel sehr stark.
Die Zitter-Pappel ist einer der ältesten Waldbäume in Deutschland. Reste von ihr sind schon aus der älteren Dryaszeit bekannt (siehe Waldgeschichte Seite 208).
Die Zitter-Pappel ist ein ausgeprägter Lichtbaum und verträgt keine Konkurrenz von anderen, dichtbelaubten Baumarten. Deshalb wächst sie gern im Wald an Stellen, die von Waldbränden verheert oder auf andere Weise ausgelichtet wurden.
Während sie in den Wäldern Nordeuropas auf gutem Boden eine wirtschaftlich bedeutende Baumart ist, findet man sie in Deutschland nur als weniger wertvolle Mischart in kleinen Wäldern und in Heidegestrüpp.

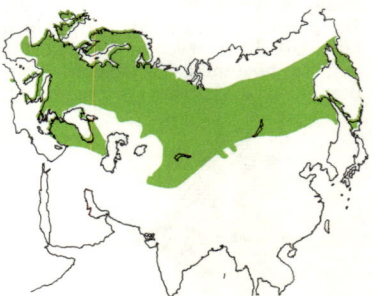

Zitter-Pappel

Die Zitter-Pappel ist über den größten Teil von Europa verbreitet. Im Süden greift ihr Verbreitungsgebiet auf Nordafrika über und in Asien reicht es bis nach Japan.

Im Gegensatz zu allen anderen Pappeln hat die Zitter-Pappel ein kernloses Holz. Es ist weiß, leicht, porös und spaltet leicht. Wegen dieser Eigenschaften wird das Holz hauptsächlich in der Streichholzindustrie verwendet, dient aber auch zur Herstellung von feineren Papiersorten und als Blindholz in der Möbelindustrie.

25. Silber-Pappel
Pópulus álba

Der Name Silber-Pappel deutet auf die silberweiße Behaarung auf der Blattunterseite hin. An jungen Trieben ist sie schneeweiß und wird erst an den älteren Blättern der Kurztriebe typisch silberweiß und bleibt es den ganzen Sommer über.

Alle Arten der Silber-Pappel-Gruppe sind dadurch gekennzeichnet, daß die Blätter an jungen, schnellwachsenden Trieben und die Knospen weiß- oder graufilzig und die Blattstiele fast drehrund sind. Die Silber-Pappel hat an den Wurzelsprossen und Lang-

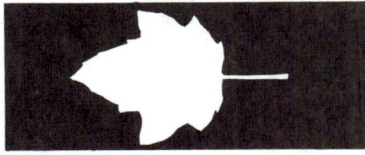

trieben feingeäderte, handförmig gelappte Blätter, deren Unterseite glän-

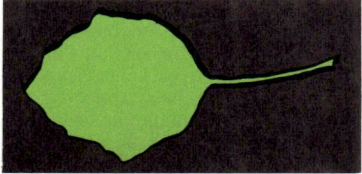

zend silberweiß ist. Die Blätter an den Kurztrieben sind herz-eiförmig, gezähnt oder zuweilen glatt.

Die Silber-Pappel ist in Europa und Asien beheimatet. Wild kommt sie in Deutschland nur an der Oder, an der Donau und in der Oberrheinebene vor, wird aber häufig als Zierbaum und zu Schutzhainen angepflanzt, obwohl sich hierzu andere, schneller wachsende Pappeln besser eignen.

26. Grau-Pappel
Pópulus ×canéscens

Der Name Grau-Pappel deutet darauf hin, daß die Behaarung auf der Unterseite der Blätter nicht schneeweiß ist wie bei der Silber-Pappel (Nr. 25), sondern hellgrau. Hinzu kommt, daß die Behaarung zwei Monate nach dem Austrieb verschwindet und dadurch die Farbe der Krone mitten im Sommer gleichmäßig graugrün erscheint.

Die Grau-Pappel gehört zur Silber-Pappel-Gruppe, unterscheidet sich aber von der Silber-Pappel dadurch, daß die Blätter der Wurzel- und Langtriebe nie handförmig gelappt und die Blätter der Kurztriebe rund und nicht selten ganz hell sind.

Die Grau-Pappel wird von vielen als Kreuzung zwischen Zitter-Pappel und Silber-Pappel angesehen, während andere der Ansicht sind, daß sie eine selbständige, sehr veränderliche Art ist.

Sie hat ungefähr das gleiche Verbreitungsgebiet wie die Silber-Pappel. In Deutschland kommt sie vor allem am Rhein und an der Donau wild vor. Sie wird wegen ihrer Windfestigkeit häufig angepflanzt. Die sehr reichliche Wurzelbildung und das weit ausgedehnte, an der Oberfläche liegende Wurzelsystem machen sie zum Anpflanzen an Feldrainen weniger geeignet. Sie kann aber zum Aufforsten von Ödland benutzt werden. Wegen ihres schnellen Wachstums und ihrer schönen Kronenform ist die

Grau-Pappel als Zierbaum sehr beliebt. Da sie ein großer, oft 30 m hoher Baum wird, benötigt sie viel Platz und wird am besten an freien Stellen angepflanzt.

27. Berliner Pappel
Pópulus × berolinénsis

Die Berliner Pappel ist als Kreuzung zwischen Pyramiden-Pappel (Nr. 28) und der asiatischen Lorbeer-Pappel (*Pópulus laurifólia*) um das Jahr 1870 im Berliner Botanischen Garten entstanden. Sie wächst nicht so ausgeprägt säulenförmig wie die Pyramiden-Pappel, hat aber doch eine schmale Krone und die Zweige gehen in spitzem Winkel vom Stamm ab. Von der Schwarz-Pappel (Nr. 28) hat sie den schmalen durchsichtigen Blattrand geerbt, von der Lorbeer-Pappel den drehrunden Blattstiel. Ihre Knospen sind klebrig, die jungen Triebe flaumig und ein wenig kantig. Die Spaltöffnungen sitzen an der Oberseite der fast eiförmigen und zugespitzten Blätter.

Die Berliner Pappel ist sehr genügsam und wächst schnell. Sie wird deshalb in großem Umfang zu Schutzstreifen angepflanzt. In den letzten Jahren hat es sich jedoch gezeigt, daß sie für verschiedene Krankheiten sehr anfällig ist und nicht den Erwartungen entspricht, die man in sie gesetzt hat.

28. Pyramiden-Pappel
Pópulus nígra ssp. *pyramidális*

Auf die Herkunft der Pappel deuten ihre anderen Namen Italienische und Lombardische Pappel hin.

Die Pyramiden-Pappel ist eine Abart der Schwarz-Pappel. Sie hat Blätter mit einem schmalen, deutlich durchscheinenden Rand, die auf der Oberseite mit Spaltöffnungen versehen sind. Unter der Lupe erscheinen diese Atemöffnungen als feine, graue Flecke. Der Blattstiel ist stark zusammengedrückt, und die Knospen sind ein wenig klebrig und wohlriechend.

Während die gewöhnliche Schwarz-Pappel, *Pópulus nígra* nur selten angepflanzt wird, ist die säulenförmige Abart häufig in Parks, Gärten und Hainen anzutreffen. Man erkennt sie an der charakteristischen Form ihrer Blätter, die rautenförmig, beim Ausschlagen hellgrün und zugespitzt sind. Sie sind in der Mitte gesägt und besitzen keine Drüsen am Blattgrund. Die jungen Triebe sind glatt und rund.

Die Schwarz-Pappel und ihre Abarten sind von Portugal bis zum Kaspischen Meer und von Zypern bis nach England zu finden. Die Pyramiden-Pappel ist vermutlich in Italien aus der Schwarz-Pappel entstanden.

Alle Pyramiden-Pappeln sind bei uns männlich, weil sie durch vegetative Vermehrung aus einem einzigen Baum hervorgegangen sind. (Die vegetative Vermehrung erfolgt durch Stecklinge, Spößlinge, Ableger usw.). Es ist schwierig, die vielen Pappel-Arten zu bestimmen. Aber was den Menschen schwer fällt, ist für die Blattlaus *Pemphígus spirothécae* eine Kleinigkeit. Sie verursacht am Blattstiel eine gedrehte Galle, die nur an der Schwarz-Pappel, ihren Abarten und ihren Kreuzungen vorkommt.

29. Kanadische Pappel
Pópulus × canadénsis

Die Kanadische Pappel ist eine Kreuzung zwischen zwei Arten der Schwarz-Pappel-Gruppe, zwischen der amerikanischen *Pópulus deltoídes* und der europäischen *Pópulus nígra* (Nr. 28). Von der Kanadischen Pappel hat man auf vegetativem Wege (in diesem Fall mit Hilfe von Stecklingen) verschiedene Rassen gezüchtet. Alle Pflanzen, die durch vegetative Vermehrung von einer Pflanze abstammen, nennt man einen Klon. Für alle diese Pflanzen ist es kennzeichnend, daß jede die gleichen erblichen Anlagen enthält, nämlich die, die auch die Mutterpflanze besitzt. Deshalb sehen alle Individuen eines Klons, wenn sie unter gleichen Bedingungen wachsen, vollkommen gleich aus.

Die Blätter der Kanadischen Pappel sind spitz, gesägt, dreieckig-eiförmig mit herzförmigem oder gleichmäßig gestutztem Grund. Zu beiden Seiten der Blattstiele sind am Blattgrund in

der Regel 1-2 Drüsen zu finden. Beim Austrieb sind die Blätter bronzefarben. Die jungen Triebe sind glatt und stark kantig.

Die Pflanze blüht im April-Mai. Die auffallenden, roten männlichen Kätzchen fallen schnell ab.

Die Kanadische Pappel ist eine der ältesten der zahlreichen Pappelkreuzungen, die man kennt, und ist vermutlich um 1750 in Frankreich entstanden. Sie wurde wegen ihres sehr

schnellen Wachstums und der guten Stammform häufig angepflanzt. An Wegen und Rainen wächst sie verhältnismäßig rasch zu riesigen Bäumen heran und wird deshalb von Zeit zu Zeit gestutzt. Die Zweige dieser Pappel werden mitunter als Viehfutter verwendet.

30. Balsam-Pappel
Pópulus balsamífera

Die Balsam-Pappel zeichnet sich durch große, sehr klebrige und stark duftende Knospen aus. Die Blattränder sind undurchsichtig und die Blattstiele rundlich. Die Unterseite der Blätter ist deutlich weiß bis grauweiß.

Die Balsam-Pappel hat große, herzförmige, unterseits weiße Blätter und deutlich behaarte Blattstiele. Die jungen Zweige sind rund und behaart, die Knospen rund und durch wohlriechendes Harz klebrig. Von diesem Harz hat die Balsam-Pappel ihren deutschen Namen erhalten. Als Balsam bezeichnet man wohlriechende Harze.

Diese Pappel kann zu großen Bäumen mit meist etwas gekrümmten Stämmen heranwachsen. Die Rinde wird frühzeitig rissig. Der Baum ist abgehärtet und windfest. Er wird als Zierbaum und in Hainen angepflanzt und blüht im April-Mai. Die weiblichen Kätzchen sind groß, und der Samen ist dicht mit Samenhaaren besetzt.

Die Balsam-Pappel stammt aus dem nördlichen Nordamerika.

31. Rauhfrucht-Pappel
Pópulus trichocárpa

Rauhfrucht-Pappeln können sehr hoch werden und bekommen frühzeitig eine rissige Borke. Die jungen Triebe sind schwach kantig und locker behaart, die Blätter eiförmig bis länglich rautenförmig mit gelblichweißer, netzrippiger Unterseite. Die Knospen sind lang und sehr wohlriechend.

137

Die Rauhfrucht-Pappel wächst an der Pazifik-Küste Nordamerikas von Alaska bis Kalifornien wild. Bei uns wird sie noch wenig angepflanzt, kann jedoch anstelle der Berliner Pappel (Nr. 27) als Schutzpflanze verwendet werden, da sie gegen Krankheiten widerstandsfähiger ist als diese.

32. Sal-Weide
Sálix cáprea

Während die Knospen der übrigen Bäume und Sträucher entweder von mehreren Knospenschuppen umgeben oder in seltenen Fällen ganz ohne Knospenschuppen sind, hat bei den Weiden jede Knospe nur eine kappenförmige, zweikielige Schuppe. Für den Nicht-Fachmann ist es schwer, die vielen Weiden-Arten zu unterscheiden. Deshalb sollen hier nur die häufigsten wildwachsenden und angepflanzten Arten besprochen werden.

Man teilt die Weiden in Frühlings-Weiden und Sommer-Weiden ein. Die Frühlings-Weiden, die meist Sträucher oder kleine Bäume sind, blühen vor dem Austrieb der Blätter. Sie besitzen ungestielte Kätzchen, die an seitlichen, meist blattlosen Kurztrieben sitzen. Zu den Frühlings-Weiden gehören die Sal-Weide, die Ohr-Weide, die Grau-Weide, die Kriech-Weide, die Spitzblättrige Weide, die Reif-Weide und die Korb-Weide (Nr. 32-37). Die Sommer-Weiden sind meist große Sträucher und Bäume. Sie blühen später, beim oder nach dem Austreiben der Blätter. Die Blüten sitzen in gestielten Kätzchen an beblätterten Seitentrieben.

Zu den Sommer-Weiden gehören die Bruch-Weide, die Silber-Weide und die Lorbeer-Weide (Nr. 38-40). Wie die Pappeln sind auch die Weiden zweihäusige Pflanzen, das bedeutet, daß die männlichen und die weiblichen Blüten auf verschiedenen Bäumen vorkommen.

Die Sal-Weide ist eine der wenigen Weiden, die im Wald als kleiner, bis zu 10 m hoher Baum auftritt. Man trifft sie auch oft außerhalb von Wäldern, aber dann meist nur als bis zu 3 m hohen Strauch.

Sie ist an den großen, elliptischen bis rundlichen Blättern mit dunkelgrüner, kahler Oberseite und dicht grauweiß filziger Unterseite zu erkennen. Die jungen Zweige sind im ersten Jahr flaumig behaart, werden aber später kahl und bekommen eine graubraune Farbe. Die Knospen – besonders die Blütenknospen – sind groß und mit einem charakteristisch nach außen gebogenen stumpfen Ende versehen.

Die Kätzchen blühen zeitig, bei uns oft schon im März. Sie sind reich an Nektar und Blütenstaub und deshalb für die Bienen die erste wichtige Futterquelle. Die Weiden gehören zu den wenigen deutschen Waldbäumen, die durch Insekten bestäubt werden. Die meisten anderen sind Windblütler, deren große Pollenmengen vom Wind verweht und von den klebrigen Narben der weiblichen Blüten aufgefangen werden. Zur Blütezeit fallen die gelben Staubbeutel der männlichen Weidenkätzchen besonders auf. Die weiblichen Kätzchen mit ihren grünlichgelben Fruchtknoten sind viel unscheinbarer. Die Frucht ist wie bei der Pappel eine meist 2klappige Kapsel, und an dem nur kurze Zeit keimfähigen Samen befinden sich lange Samenhaare. Die Rinde ist graugrün und bleibt lange glatt, um sich später zu einer rissigen Borke zu entwickeln. Sie besteht zu etwa 10 % aus Gerbstoffen und wurde deshalb früher zum Gerben verwendet. Außerdem enthält sie Salizin, aus dem man Salizylsäure herstellen kann. Das Holz der Sal-Weide ist weich. Es hat einen weißgelben Splint und einen nur wenig auffallenden hell rotgelben Kern. Die Verwendungsmöglichkeiten des Holzes sind gering. Die Sal-Weide wächst im größten Teil Europas und Asiens wild.

33. Ohr-Weide
Sálix aurita
Der Name Ohr-Weide deutet auf die öhrchenförmigen Nebenblätter hin, die zu zweien am Grunde der Blattstiele sitzen. Man findet jedoch diese Blätter auch bei verschiedenen anderen Weiden-Arten.
Die Ohr-Weide ist ein kleiner Strauch mit feinen, oft rötlichen, glatten Zweigen und Knospen. Die Blätter sind klein, verkehrt eiförmig, auf beiden Seiten grau behaart und mit einer gedrehten Spitze versehen. Unterseits zeigen sie ein dichtes hervorstehendes Nervennetz. Die Nebenblätter sind nierenförmig.
Die Ohr-Weide ist auf feuchtem, saurem Boden sehr verbreitet. Am Rande von Heidemooren und Heidesümpfen bildet sie oft kleine Gebüsche.

34. Grau-Weide
Sálix cinérea
Die Grau-Weide ist größer und kräftiger im Wuchs als die Ohr-Weide (Nr. 33), der sie im übrigen ähnelt. Die Zweige sind jedoch wie die Knospen behaart und die Blätter größer, meist verkehrt eiförmig bis lanzettlich mit gedrehter Spitze. Die Grau-Weide ist sehr verbreitet an feuchten Stellen, aber nicht, wie die Ohr-Weide, an sauren Boden gebunden.

35. Kriech-Weide
Sálix répens
Die Kriech-Weide ist ein Zwergstrauch, der selten höher als 1 m wird und sich meistens nicht über die ihn umgebende Vegetation erhebt. Die Blätter sind klein, oval bis länglich und wenigstens unterseits dicht seidig behaart und silbern glänzend. Die Kriech-Weide, die auf Mooren, nassen Wiesen, in Heiden und auf Dünen meist auf Sandboden vorkommt, tritt in drei verschiedenen Unterarten auf:
Bei der ssp. *rosmarinifólia* sind die Blätter linealisch, 4–10 mal so lang wie breit, am Rande nicht oder nur wenig umgerollt und besitzen 8–10 Paar Seitennerven.

Die spp. *répens* besitzt lanzettliche bis eiförmige, 2–4 mal so lange wie breite, am Rande stets umgerollte Blätter. Sie sind mit 6–8 Paar Seitennerven versehen und ihre Spitze ist zurückgekrümmt. Nebenblätter fehlen.

Die Blätter der ssp. *argéntea* sind breit elliptisch bis fast kreisförmig und am Ende gerade oder abgerundet. Sie besitzen 6–8 Paar Seitennerven und oft lanzettliche Nebenblätter.

36. Spitzblättrige Weide
Sálix acutifólia
Die Spitzblättrige Weide wird auch nach ihrem Heimatland Kaspische

Weide genannt. Sie wächst in Rußland und Sibirien wild. Bei uns trifft man sie nur angepflanzt.

Die Spitzblättrige Weide, die häufiger als die Reif-Weide (Nr. 36a) angepflanzt wird, gleicht dieser sehr, aber die blau-bereiften Zweige sind dunkel rotviolett und die Blattstiele glatt. Sie blüht etwas früher, im März, und bereits im Dezember kann man die silbrig erscheinenden Kätzchen sehen. Bei uns werden nur männliche Bäume angepflanzt.

Wie die Reif-Weide wird auch die Spitzblättrige Weide in geringem Umfang für Flechtarbeiten verwendet. Obwohl sie wegen ihrer lockeren Verzweigung nur wenig Schutz bietet, wird sie doch gelegentlich an trockenen und kalten Stellen zu Schutzhecken angepflanzt.

36a. Reif-Weide
Sálix daphnoídes

Die Reif-Weide wird zuweilen als Pommersche Weide bezeichnet, obwohl dieser Name der Nebenart *pomeránica* vorbehalten werden muß, die ihre Hauptverbreitung an der deutschen Ostseeküste, unter anderem in Pommern, hat.

Die Reif-Weide ist widerstandsfähig und genügsam und gedeiht im Gegensatz zu den meisten anderen Weiden am besten auf nicht zu feuchtem Boden. Sie hat schmale, lanzettliche und spitze Blätter mit weichhaarigen Blattstielen. Die jungen Triebe sind grünlich-braun und werden im Winter und beim Trocknen blaufleckig.

Die Reif-Weide ist wie die Spitzblättrige Weide (Nr. 36) eine der am frühesten blühenden Arten der Gattung. Bereits im Winter zeigen sich die silberweißen Kätzchen und im März steht sie oft schon in voller Blüte.

Wild kommt diese Art in Deutschland in den Alpen, am Oberrhein und in Mecklenburg vor. Von hier aus ist sie bis nach West- und Zentralasien hin verbreitet.

37. Korb-Weide
Sálix viminális

Der deutsche Name deutet auf die Verwendung der Ruten zum Korbflechten hin.

Die Korb-Weide ist leicht an ihren sehr langen (bis zu 25 cm), lineallanzettlichen Blättern zu erkennen, die am Rande umgerollt und auf der Unterseite silberweiß behaart sind. Zweige und Knospen sind ebenfalls dicht behaart.

Die Korb-Weide ist ein Strauch oder ein kleiner Baum und wird an Zäunen und Bächen angepflanzt. Die ein bis zwei Jahre alten Ruten dienen von alters her zum Flechten grober Korbwaren. Zu feineren Flechtarbeiten werden viele andere Weiden verwendet, unter anderem Kreuzungen, an denen die Korb-Weide beteiligt ist. Die durch das häufige Stutzen entstehende Wuchsform nennt man «Kopf-Weide».

Die Korb-Weide ist in Europa und in einem Teil Asiens wildwachsend anzutreffen. In Deutschland kommt sie an Bächen und Flüssen fast überall vor.

38. Bruch-Weide
Sálix frágilis

Der Name Bruch-Weide deutet auf die Brüchigkeit der Triebe hin. Die Erscheinung tritt jedoch erst auf, wenn der Baum ein bestimmtes Alter erreicht hat.

Mit dieser Art sind wir zu den Sommer-Weiden gekommen, die durch die späte Blüte gekennzeichnet sind. Die Bruch-Weide wird oft ein großer Baum, der aus einiger Entfernung an seiner offenen Krone und den fast rechtwinkelig abstehenden Ästen zu erkennen ist. Diese lassen sich, wie erwähnt, leicht vom Wind abbrechen und fallen zu Boden. Unter günstigen Umständen schlagen sie Wurzeln und wachsen zu neuen Bäumen heran. Die Blätter sind breit lanzettlich, lang zugespitzt und glatt und haben auf

Korb-Weide

der hellgrünen, matten Oberseite viele nur unter der Lupe als kleine, graue Punkte zu erkennende Spaltöffnungen. Unterseits sind die Blätter blaßgrau.

Die Heimat der Bruch-Weide ist das östliche Europa, Sibirien, West- und Mittelasien. In Deutschland kommt sie an Ufern und in feuchten Wäldern häufig vor und wird seit langem angepflanzt.

39. Silber-Weide
Sálix álba

Der Name Silber-Weide bezieht sich auf die grauweiße Behaarung der Blätter vieler Silber-Weiden.

Der große, schöne Baum wird ähnlich wie die Kanadische Pappel (Nr. 29) oft gestutzt. Die jungen Triebe und die Unterseite der lanzettlichen Blätter – manchmal auch die Oberseite – sind mehr oder weniger dicht mit angedrückten Seidenhaaren bedeckt. Wie bei der Bruch-Weide (Nr. 38) sind auch hier Spaltöffnungen auf der Blattoberseite zu finden. Die Zweige sind am Grunde nicht oder nur wenig brüchig.

Von der Silber-Weide gibt es mehrere Abarten, von denen die meisten angepflanzten hängende Zweige haben (Trauer-Weide). Auch eine Silber-Weide mit im Winter storchenbein-roten Trieben ist häufig zu sehen. Seltener findet man die vermutliche Kreuzung zwischen der Silber- und der Bruch-Weide (*Sálix álba* var. *coerúla*), die auf feuchtem, oft überschwemmtem aber nahrungsreichem Boden sehr schnell wächst und deren Holz sich besonders gut zur Herstellung von Kricketschlägern eignet.

Die Silber-Weide und ihre Abarten werden außerordentlich häufig an Wegen, Zäunen, in Parks und Gärten angepflanzt und geben ein vorzügliches Material für Korbflechtarbeiten. Die Silber-Weide wächst in Mitteleuropa, Nordafrika und Asien wild.

40. Lorbeer-Weide
Sálix pentándra

Der lateinische Artname deutet auf die gewöhnlich vorhandenen fünf Staubgefäße in jeder männlichen Blüte hin. Die deutsche Bezeichnung Lorbeer-Weide (und das Synonym *Sálix laurifólia*) bezieht sich auf die entfernte Ähnlichkeit der glänzenden Blätter mit Lorbeerblättern.

Die Lorbeer-Weide ist ein großer Strauch oder Baum (bis zu 10 m hoch) mit glatten, glänzenden, später dunkelbraun werdenden Zweigen.

Die glänzenden, frischgrünen Blätter sind schmal eiförmig, spitz und fein gesägt. Sie können denen der Bruch-Weide (Nr. 38) ähneln, besitzen aber im Gegensatz zu dieser auf der Blattoberseite keine Spaltöffnungen.

Die ziemlich späte Blütezeit fällt mit dem Ausschlagen der Blätter im Mai-Juni zusammen. Die leuchtend goldgelben männlichen Blüten enthalten normalerweise 5 Staubblätter; es können aber auch mehr vorhanden sein. Sowohl die Blüten als auch die Blätter riechen aromatisch.

Die Fruchtkapseln öffnen sich erst im Winter. Dann quellen die dicht mit langen Haaren besetzten Samen gleich Wattebäuschen aus den Kapseln, und man glaubt, der erste Schnee sei gefallen.

Die Lorbeer-Weide wächst besonders gut auf nährstoffreichen Mooren und an Seeufern. Sie ist in ganz Deutschland zu finden, kommt in Europa bis zum 70. nördlichen Breitengrad und nach Osten bis nach Sibirien hin vor.

Gagelstrauchgewächse
Myricáceae

41. Gagelstrauch
Myrica gále

Der Gagelstrauch ist ein meterhoher, stark verzweigter Strauch mit einzeln stehenden, dunkelgrünen, nur an der Spitze gezähnten Blättern mit keilförmigem Grund. Die jungen Triebe sind rotbraun, weichhaarig und wie die Blätter mit einer Anzahl von kleinen, gelben Harzdrüsen besetzt, die aromatisch duften.

Der Strauch blüht bereits im März-April vor dem Austrieb der Blätter. Die männlichen Pflanzen sind leicht an den großen, überwinternden Kätzchenknospen zu erkennen. Bei der weiblichen Pflanze sind die Kätzchen etwa einen Monat vor der Blüte zu sehen. Die männlichen Kätzchen sind 1–1,5 cm lang und haben rotbraune Schuppen; die weiblichen sind kürzer (5–6 mm) und fallen weniger auf. Jede weibliche Blüte enthält 2 lange, rote Narben. Die Frucht, eine Steinfrucht, ist dicht mit gelben Drüsen besetzt.

Der Gagelstrauch vermehrt sich stark durch unterirdische Ausläufer und kann mit der Zeit ein großes Gebiet bedecken. An den Wurzeln befinden sich Knollen. In ihnen leben Bakterien, die in der Lage sind, den Stickstoff der Luft zu binden. Dadurch kann der Gagelstrauch auch auf stickstoffarmen Böden gedeihen. So findet man ihn häufig auf Heide- und Hochmooren. Sein Verbreitungsgebiet ist groß, am liebsten wächst er aber in Küstennähe. Der Gagelstrauch ist in West-, Mittel- und Nordeuropa, Sibirien und dem nördlichen Nordamerika zu Hause. In Deutschland kommt er nur im Norden und Osten des Landes vor.

Früher wurde der Gagelstrauch häufig anstelle von Hopfen als Bierzusatz verwendet. Mit den aromatisch duftenden Trieben versuchte man Mükken und andere lästige Insekten zu verscheuchen. Von den Früchten, die am dichtesten mit Drüsen besetzt sind, und von den jungen Trieben kann man mit Alkohol einen Extrakt herstellen, der – nachdem er einige Jahre gelagert hat – in kleinen Mengen dem Schnaps zugesetzt wird und diesem einen besonderen und sehr aromatischen Geschmack verleiht.

Birkengewächse *Betuláceae*

Hänge-Birke   Zwerg-Birke   Moor-Birke

42. Hänge- oder Weiß-Birke
Bétula péndula

Der Name Birke ist einer der wenigen deutschen Pflanzennamen, die indogermanischen Ursprungs sind. Man kennt einen Sanskrit-Pflanzennamen, der den gleichen Stamm wie unser Wort Birke haben muß. Ob es sich um eine Birkenart gehandelt hat, die mit diesem Wort bezeichnet wurde, ist jedoch nicht ganz sicher. Der Baum hatte auf jeden Fall entweder eine glatte oder weiße Rinde.

Ein griechisches Eigenschaftswort gleicher Herkunft (phorkos) bedeutet ebenfalls weiß. Die weiße Farbe des Stammes ist das auffälligste Merkmal der Birke. In England heißt der Baum birch und in Skandinavien gibt es verwandte Bezeichnungen (dänisch: Birk).

Die Äste der Birken verzweigen sich stets sympodial. Während bei vielen Pflanzen die Endknospe eines Zweiges im nächsten Jahr auswächst (monopodiale Verzweigung), stirbt diese bei den Birken ab, und eine Seitenknospe übernimmt ihre Rolle. Als Folge dieser unterschiedlichen Verzweigungsarten entstehen verschiedene Kronenformen: Bei monopodial wachsenden Bäumen geht der Stamm bis fast zur Spitze durch, während er sich bei sympodial wachsenden schon am Grunde der Krone in mehrere starke, meist gekrümmte Äste auflöst. Weiterhin unterscheidet man Kurz- und Langtriebe. Die männlichen Kätzchen, die an der Spitze der Langtriebe sitzen, werden im Herbst ausgebildet und überwintern in fertigem Zustand, während die weiblichen an blättertragenden Kurztrieben entstehen und erst beim Ausschlagen der Blätter erscheinen. Zur Reifezeit fallen die Kätzchenschuppen mit den Nüßchen ab.

Die Weiß-Birke, die ein bis zu 30 m hoher Baum wird, hat in jungen Jahren eine glänzende, goldbraune Rinde, die mit zunehmendem Alter weiß und durch Korkleisten quergestreift wird. Sie bleibt lange glatt und löst sich später in dünnen Fetzen vom Stamm. Alte Birken bekommen am Stammgrund eine unregelmäßig rissige, dunkle Borke.

Die jungen Zweige sind mehr oder weniger mit grauweißen Harzdrüsen besetzt, sonst aber glatt und glänzend. Die Triebe sind schlank und oft so dünn, daß sie herabhängen. Daher auch der Name Hänge-Birke. Die Knospen sind klein und klebrig. Die Blätter treiben Anfang Mai aus. Jung sind sie klebrig von Harz, das später zu einer weißen Schicht eintrocknet. Die voll entwickelten Blätter haben einen ganzrandigen, gleichmäßig gestutzten oder breit keiligen Grund und sind nach oben hin lang zugespitzt und doppelt-gesägt. Das Laub färbt sich im Herbst gelb und fällt im Oktober ab.

Die Birke blüht gleich nach dem Ausschlagen der Blätter, und die Früchte reifen bei uns im Juli. Sie werden vom Winde verweht und in so großen Mengen erzeugt, daß sie den Boden in der Nähe von Birken oft vollkommen bedecken. Bei der Weiß-Birke sind die Flügel der Frucht länger und breiter als die Nuß, und die Fruchtschuppen haben nach unten gebogene Seitenlappen.

Das Holz ist weiß und kernlos und oft mit braunen, ringförmig sitzenden Punkten (Markflecken) versehen. Es wird vielseitig gebraucht, u.a. für Möbel, Furniere, Skier, Parkett, Wagendeichseln und zu Drechslerarbeiten. Da es einen hohen Heizwert besitzt, wird es häufig als Brennholz verwendet. Birkenreisig wurde früher zu Besen gebunden. Auch die Rinde wurde zu verschiedenen Zwecken benutzt, u.a. zum Dachdecken, für Schuhe, und in Hungerperioden wurde sie mit Mehl gemischt und zu Brot verbacken. Verletzt man Birken im Frühjahr, so läuft aus den Wunden in großen Mengen der im Stamm aufsteigende Saft. Er ist zuckerhaltig und kann durch Gären in Wein verwandelt werden. Aus ihm stellt man auch verschiedene kosmetische Artikel (Haarwasser u.a.) her.

Im deutschen Wald spielt die Weiß-Birke wirtschaftlich keine große Rolle. Zwar gedeiht sie bei uns vorzüglich und auf Kahlschlägen würde sie oft, besonders auf sauren Böden, in kurzer Zeit allen anderen Jungwuchs überflügeln, wenn nicht der Mensch regulierend eingriffe. Da auf denselben Böden bessere und leistungsfähigere Holzarten gedeihen, gilt die Birke allgemein als «Forstunkraut», und man läßt meist nur einzelne Bäume stehen. Größer ist ihre Bedeutung in Heide- und Moorgebieten. Wichtiger ist sie auch in Nordeuropa, wo sie bis zur arktischen Baumgrenze vordringt und anderen Baumarten überlegen ist. Wild kommt sie fast in ganz Europa, im Kaukasus und vermutlich bis in die Mongolei hinein vor.

43. Moor-Birke
Bétula pubéscens

Der deutsche Name dieses Baumes deutet auf sein bevorzugtes Vorkommen in Mooren und auf sumpfigem Gelände hin.

Die Moor-Birke ist von der Hänge-Birke (Nr. 42) durch ihre steiferen, niemals hängenden Zweige zu unterscheiden. Die Knospen sind meist etwas größer und klebriger. Die Blätter sind am Grunde stärker keilförmig, und der obere Teil ist nicht zu einer Spitze ausgezogen und nur einfach gesägt.

Die jungen Zweige sind mehr oder weniger weichhaarig und haben keine Harzdrüsen. Die Nüßchen sind größer, und die Flügel sind ungefähr von gleicher Länge und Breite wie diese. Die Seitenlappen der Kätzchenschuppen sind kürzer und nach oben gerichtet.

Die Rinde bei der Moor-Birke ist selbst bei sehr alten Bäumen nicht so unregelmäßig und rissig wie bei der Hänge-Birke. Auf beiden Arten kann man gelegentlich sogenannte Hexenbesen beobachten. Sie bestehen aus einem dichten Gewirr von Ästen und können in großer Zahl auf freistehenden Bäumen vorkommen. Diese Hexenbesen entstehen durch Pilze. Die Moor-Birke ist in Deutschland nicht so häufig wie die Weiß-Birke, dieser aber an feuchten und nassen Stellen an Seen und auf Mooren überlegen.

Hänge-Birke

Die Moor-Birke ist in ganz Nord- und Mitteleuropa durch Sibirien bis nach Kamtschatka verbreitet. In Nordeuropa ist sie häufiger als die Weiß-Birke und kommt noch auf Island und Grönland vor.

Moor-Birke

44. Zwerg-Birke
Bétula nána

Die Zwerg-Birke ist ein kleiner, bis 1 m hoher, stark verzweigter Strauch, dessen junge Zweige aufrecht stehen. Die kleinen rundlichen, regelmäßig gezähnten Blätter sind auf der Oberseite dunkelgrün und unterseits heller mit hervortretenden Nerven. Die männlichen und weiblichen Kätzchen stehen aufrecht. Die breit eiförmigen Nüßchen haben je einen kurzen und schmalen Flügel. Die Schuppen der weiblichen Kätzchen sind in 3 schmale, aufrechte Lappen geteilt.

Die Zwerg-Birke ist auf Bergheiden und Mooren, vorzugsweise im Polargebiet, zuhause. Sie gehörte zu einer der ersten Baumarten, die nach der Eiszeit ihren Einzug bei uns hielten. Heute kommt sie nur noch auf wenigen Hochmooren in Norddeutschland und im Gebirge vor (Harz, Erzgebirge, Bayern). Wo die Zwerg-Birke mit anderen Birken-Arten, besonders der Moor-Birke, zusammen wächst, finden sich nicht selten Kreuzungen mit diesen Arten.

45. Schwarz-Erle
Álnus glutinósa

Die Schwarz- und die Grau-Erle zeichnen sich dadurch aus, daß die Endknospe der Triebe nicht abstirbt. Diese Verzweigungsart nennt man monopodial (vgl. unter Nr. 42). Die Knospen sind gestielt, und sowohl die weiblichen wie die männlichen Kätzchen entwickeln sich im Herbst und überwintern nackt. Die weiblichen Kätzchen verholzen während der Reife und ähneln dadurch kleinen Zapfen. An den Wurzeln finden sich stets etwa faustgroße Knollen, in denen Bakterien leben. Mit ihrer Hilfe ist die Erle ähnlich dem Gagelstrauch (Nr. 41) in der Lage, den Stickstoff der Luft auszunutzen.

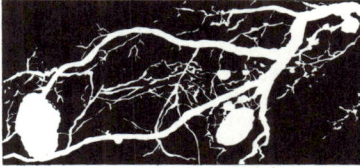

Die Schwarz-Erle kann unter günstigen Bedingungen eine Höhe bis zu 25 m erreichen. Jung hat der Baum einen geraden, bis zur Spitze durchgehenden Stamm. Erst im Alter bildet sich eine charakteristisch gewölbte Krone, die sich aus gekrümmten Zweigen zusammensetzt.

Die jungen Zweige sind glatt, mit Harzdrüsen versehen und ein wenig klebrig. An jungen Bäumen ist die Rinde glatt, glänzend und grünlichbraun. Der Stamm älterer Bäume ist mit einer dunkelgrauen Borke bedeckt. Die gestielten Knospen sind mehr oder weniger klebrig und braunviolett. Anfang Mai entfaltet sich das Laub. Die Blätter sind einfach gesägt, oval und haben eine dunkelgrüne, zu Anfang leicht klebrige Oberseite und eine hellgrüne Unter-

Schwarz-Erle   *Grau-Erle*

seite mit rostbraunen Haaren in den Nervenwinkeln. Die Schwarz-Erle gehört zu den wenigen einheimischen Bäumen, deren Laub im Herbst grün abfällt.

Die Erle blüht meist schon im März. Die männlichen Kätzchen sind lang und hängen von den Zweigen herab. Die nur wenige Millimeter großen weiblichen Kätzchen werden im Frühjahr bestäubt und wachsen im Laufe des Sommers zu ihrer endgültigen Größe heran. Der Pollen wird in ihnen die ganze Zeite über aufbewahrt und befruchtet die Eizellen im Oktober. Erst dann beginnen sich die Samen zu entwickeln. Die Kätzchen werden nun nicht mehr größer, nur ihre Schuppen verholzen. Die Samen reifen den Winter über und fallen im folgenden Frühjahr aus. Die leeren Zäpfchen bleiben noch lange an den Bäumen hängen, so daß man im Herbst an Schwarz- und Grau-Erlen 3 Generationen von weiblichen Kätzchen beobachten kann: einmal die schwarzen verholzten Kätzchen des Vorjahres, deren Samen ausgefallen sind, dann unreife, grüne Kätzchen und schließlich die kleinen, weiblichen Kätzchen für das folgende Jahr. Bei der Schwarz-Erle ist jedes einzelne weibliche Kätzchen deutlich gestielt. Durch dieses Merkmal ist sie leicht von der Grau-Erle (Nr. 46) zu unterscheiden, deren weibliche Kätzchen nicht gestielt sind.
Die Früchte sind wie bei der Grau-Erle kleine, flache, rotbraune Nüßchen mit einem Saum luftgefüllten Gewebes, das sie befähigt, bis zu einem Monat auf dem Wasser zu schwimmen. Auf diese Weise werden die Samen durch Bäche und andere Gewässer verbreitet. Die Schwarz-Erle gedeiht am besten an feuchten und nährstoffreichen Stellen, z.B. an Bächen, Seen und in den nach ihr benannte Erlenbruchmooren, wo sie häufig kleine Wälder bildet. In stehendem Wasser besitzt sie oft «Stelzen». Diese entstehen als stützende Nebenwurzeln, die vom Stamm über der Erdoberfläche ausgehen. Wird ein Baum gefällt, so treibt der Stumpf wieder aus. Die Nebenwurzeln übernehmen die Ernährung der jungen Stämme und tragen sie später, wenn der alte Stamm mit seiner Hauptwurzel verfault ist.
Das Holz der Schwarz-Erle ist unmittelbar nach dem Fällen weißgelb, nimmt aber schnell durch Lufteinwirkung eine ziegelrote Farbe an, die beim Trocknen wieder heller wird. Oft sieht man im Holz dunkelbraune, sogenannte Markflecken, die durch Insektenbefall entstehen.
Das Holz findet vielseitige Verwendung, z.B. für Holzschuhe, Drechslerarbeiten, als Leisten- und Rahmenholz, für Spielzeug, als Holz für billige Bleistifte und zur Imitation von anderem und wertvollerem Holz. Dazu ist es gut geeignet, weil es sich leicht färben und polieren läßt.
Brennholz von der Schwarz-Erle wird in großem Umfang in Räuchereien und die Holzkohle zur Schießpulverherstellung verwendet. Die

Schwarz-Erle

Schwarz-Erle ist in ganz Europa vom 64. bis 37. nördlichen Breitengrad verbreitet und außerdem in Sibirien, dem Kaukasus und in Kleinasien zu finden.

46. Grau-Erle
Álnus incána

Der Name Grau-Erle deutet auf die weißgraue Farbe der Blattunterseite hin.

Die Art ist von der Schwarz-Erle (Nr. 45) dadurch zu unterscheiden, daß sie behaarte Jahrestriebe und Knospen, eine helle, glatte Rinde und sitzende weibliche Kätzchen hat. Die Blätter sind eiförmig, spitz, doppelt-gesägt und unterseits graufilzig. Die Grau-Erle wird nicht so hoch wie die Schwarz-Erle, erreicht nur selten 20 m und blüht etwa drei Wochen früher, in günstigen Wintern bereits im Februar, während der Austrieb der Blätter später beginnt. Die Früchte sind ein wenig größer.

Im Gegensatz zu der Schwarz-Erle vermehrt sich die Grau-Erle stark durch Wurzeltriebe. An den Boden stellt sie geringere Ansprüche, bevorzugt jedoch weniger feuchten Boden. Das Holz, das sich nach dem Fällen nicht rot färbt, ist von geringer Qualität.

Grau-Erle

In Deutschland wächst die Grau-Erle an Flußufern und felsigen Berghängen. In vielen Gegenden ist sie erst durch den Menschen eingebürgert worden.

In Skandinavien ist sie wildwachsend bis zum 70. nördlichen Breitengrad zu finden. Im übrigen kommt sie im nordwestlichen Teil des europäischen Rußland und in den kaukasischen und nordiranischen Gebirgen vor.

Haselgewächse *Coryláceae*

47. Hain- oder Weißbuche
Cárpinus bétulus

Hainbuchen können bis zu 25 m hoch werden. Die gewölbte Krone und der hellgraue, glatte Stamm erinnern an die Rot-Buche (Nr. 49). Im Gegensatz zu den meisten anderen Bäumen ist der Stammquerschnitt nicht kreisförmig, sondern äußerst unregelmäßig. Das liegt daran, daß sich bereits beim jungen Baum tiefe Längsfurchen am Stamm bilden.

Da die Endknospen an den Trieben absterben und durch die obersten Seitenknospen ersetzt werden, ist die Verzweigung sympodial (vgl. unter

Nr. 42). Die Knospenschuppen sitzen in 4 Reihen; die Blattknospen sind schlank und spitz und den Zweigen angedrückt. Die Knospen, die die in Kätzchen sitzenden männlichen Blüten enthalten, sind größer als die Blattknospen und den Zweigen nicht angedrückt.

Die Blätter, die voneinander entfernt und zweireihig sitzen, sind schmal eiförmig, zugespitzt, haben einen doppelt gesägten Rand und sind deutlich gefaltet.

Blätter und Blüten entfalten sich Mitte Mai, etwas später als bei der Rot-Buche. Die männlichen Blütensprosse enthalten keine Blätter und befinden sich oft am Grunde vorjähriger Triebe. Wie bei allen Windblütlern wird während der Blüte eine große Menge Pollen erzeugt. Die weiblichen Kätzchen besitzen rote Narben und befinden sich an der Spitze kurzer, beblätterter Jahrestriebe. Die weiblichen Blüten sitzen paarweise in den Winkeln langer und dünner, frühzeitig abfallender Kätzchenschuppen. Die Nüsse sind zur Hälfte von einer 3lappigen Hülle umgeben, die bei der Verbreitung durch den Wind zum Schweben dient. Die Nüsse sind 5-10 mm lang und längs gerippt.

Die Hainbuche wird nur selten in großen Beständen angepflanzt, weil sie zu langsam wächst. Außer in natürlichen Mischwäldern sieht man sie dagegen oft in Hecken. Sie verträgt häufiges Beschneiden sehr gut. Im Gegensatz zur Rot-Buche leidet sie daher wenig unter Wildverbiß. Das Holz der Hainbuche ist gelblichweiß, hat keinen Kern, ist schwer, zäh und hart und an seinen gewellten Jahresringen zu erkennen. Es hat einen großen Brennwert, und es wird zur Herstellung von Werkzeugschäften, hölzernen Schrauben, Walzen, Leisten und Pflöcken verwendet.

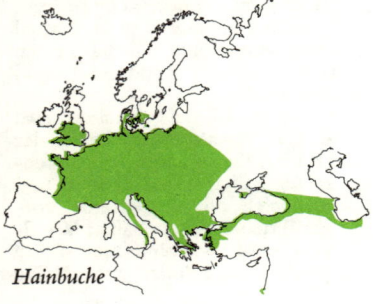

Hainbuche

Früher wurde es als das für Mühlräder beste Holz angesehen.
Die Hainbuche wächst in ganz Europa (mit Ausnahme der Pyrenäen-Halbinsel), im Kaukasus und in Kleinasien wild. In Schweden reicht sie bis zum 56. nördlichen Breitengrad. In Deutschland findet man sie häufig in warmen Lagen, meist mit anderen Bäumen gemischt.

48. Hasel
Córylus avellána

Der Name Hasel hat sicher den gleichen Ursprung wie die lateinische Bezeichnung *Córylus*. Die Bedeutung dieser Wörter ist unbekannt. Im Englischen heißt die Pflanze hazel und im Dänischen hassel. Vielleicht kann Hasel mit dem lateinischen «casa» (= Haus) in Verbindung gebracht werden. Die Fruchtschale umgibt den Kern wie ein «Haus».
Die Hasel ist oft ein 3-5 m hoher, vom Grund aus verzweigter Strauch mit bräunlicher oder grauer, glatter, glänzender Rinde, die mit zahlreichen braunen Korkporen versehen ist. Die jungen Triebe sind dicht mit Drüsenhaaren bedeckt. Die voneinander entfernt stehenden Blätter sind kurzgestielt, herzförmig bis rundlich und mit Drüsenhaaren und gewöhnlichen Haaren bedeckt. Die Blätter können an Erlenblätter erinnern, sind aber viel weicher. Auch besitzen die Blätter der Erle keine Drüsenhaare. Sie entfalten sich Mitte Mai und bleiben bis zum November an den Zweigen. Die männlichen Blüten sitzen an kurzen, blattlosen Trieben in Kätzchen. Sie entwickeln sich im Laufe des Sommers und überwintern nackt, während die weiblichen Blüten zusammen mit Blattanlagen in Knospen eingeschlossen sind. Die Hasel blüht im März-April, je nach Temperatur früher oder später. Die männlichen Kätzchen werden von der Temperatur stärker beeinflußt als die weiblichen Blüten, und es ist nicht unge-

wöhnlich, daß sie in milden Wintern schon im Februar stäuben, bevor sich die weiblichen Blüten geöffnet haben. Die weiblichen Blüten sind klein und

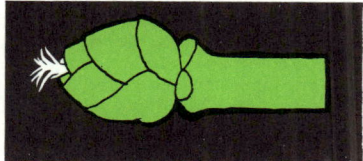

sitzen in Knospen verborgen. Während der Blüte sieht man nur die roten Narben herausragen. Die Hasel ist oft selbststeril (das heißt: es werden nur Früchte gebildet, wenn die Narben mit Blütenstaub einer anderen Pflanze bestäubt werden). Den größten Fruchtansatz erzielt man, wenn verschiedene Sorten nebeneinander gepflanzt werden. Die Nüsse sind von einer gelappten Fruchthülle umgeben und können zu mehreren – bis zu 5 Stück – zusammensitzen. Sie reifen im August-September und lösen sich später aus der Hülle. Sie haben dicke Schalen und variieren in der Form (rund und breit oder schmal und länglich). Es ist gelungen, Sorten mit großen und dünnschaligen Nüssen zu züchten. Die den Kern bildenden Keimblätter sind ölhaltig und bleiben beim Keimen in der Erde.
Das Holz der Hasel ist weiß oder rötlich, weich und leicht zu spalten, zäh und biegsam. Früher wurden Haselruten zum Dachdecken benutzt. Die Hasel liebt nährstoffreiche, nicht zu feuchte Böden. Nach der Eiszeit war sie zur sogenannten Haselzeit weit verbreitet (vgl. S. 208). Davon zeugen ganze Lagen von Nüssen, die man in Mooren entdeckt hat. Heute ist die Hasel als Unterholz in hellen Eichenwäldern, an Waldrändern und in Hainen zu finden. Sie ist in fast ganz Europa außer im nördlichen Skandinavien verbreitet und kommt in Nordafrika und Kleinasien vor.

Buchengewächse *Fagáceae*

| Rot-Buche | Stiel-Eiche | Winter-Eiche | Rot-Eiche |

49. Rot-Buche
Fágus silvática

Das Wort Buche ist mit dem lateinischen *Fágus* und dem griechischen Phegos verwandt. Man vermutet, daß diese Wörter «eßbar» bedeuten (bezogen auf die Frucht). Doch das ist nicht sicher. In Dänemark heißt die Buche Bøg und in England beech. Die Buche ist in unseren Wäldern der wichtigste Laubbaum. Sie wird etwa 40 m hoch. In geschlossenen Wäldern ist der Stamm bis weit hinauf zweiglos, während er bei freistehenden Bäumen kurz bleibt und die Krone tief herabreicht. Die Rinde

Rot-Buche im Wald   *freistehende Rot-Buche*

des Stammes ist hellgrau bis grau, dünn, glatt und wird normalerweise im Alter nicht rissig.
Die abstehenden, zweireihig angeordneten Blätter stellen sich so ein, daß sie sich gegenseitig nicht verdecken, sie bilden ein sogenanntes Blattmosaik. Dadurch kann der Baum das Licht so wirkungsvoll wie möglich

ausnutzen, und es dringt nur wenig Licht bis zum Boden. Buchenwälder sind deshalb sehr schattig und ihr Boden ist im Sommer arm an blühenden Pflanzen. Vor dem Austrieb der Blätter dagegen ist er oft dicht mit Frühjahrsblühern bedeckt, z.B. mit Anemonen, Schlüsselblumen und Leberblümchen. Die Knospen stehen von den Zweigen schräg ab und haben vierreihig angeordnete Knospenschuppen. Während die Blattknospen schlank und spitz sind, sind die Knospen, die außer den Blättern auch Blüten enthalten, wesentlich

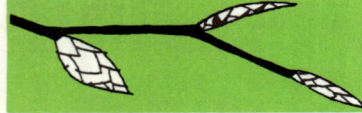

Blütenknospe   *Blattknospe*

dicker und oft länger. Deshalb kann man schon lange Zeit vor dem Ausschlagen der Blätter die Blatt- von den Blütenknospen unterscheiden.
Die Blätter der Buche entfalten sich Anfang Mai. Um den 15. Mai herum steht die Buche in vollem Laub. An jungen Rot-Buchen, geschnittenen Buchenhecken und niedrig sitzenden Zweigen alter Bäume bleibt das verwelkte Laub den ganzen Winter über sitzen und fällt erst kurz vor dem Austrieb der neuen Blätter ab.
Die ganz jungen Blätter sind gefaltet und mit weichen Seidenhaaren versehen, die die Blätter davor bewahren, an trockenen Tagen zu welken. Auch werden dadurch die Blätter ein wenig gegen Spätfröste geschützt. Die voll entwickelten Blätter sind

eiförmig, ganzrandig und am Rande etwas wellig.
Die Rot-Buche blüht gleichzeitig mit dem Austrieb der Blätter. Während die vielblütigen und kugeligen männlichen Kätzchen an langen Stielen hängen, sind die weiblichen Blütenstände zweiblütig, kurzgestielt und von einer stacheligen, viellappigen Hülle umgeben. In dieser entwickeln sich zwei dreikantige Nüsse, die Bucheckern genannt werden. Jede Buchecker enthält einen Keimling, dessen große Keimblätter eng gefaltet und reich an Öl sind. Sie dienen somit als Nährstoffspeicher für eine Ruheperiode und breiten sich nach dem Keimen der Frucht über der Erdoberfläche flach nierenförmig aus. Sie haben eine glänzend grüne Ober- und eine weiße Unterseite.
Mastjahre, in denen die Rot-Buche reichlich Früchte trägt, folgen in unterschiedlichen Abständen aufeinander. Das hängt zum Teil vom Wetter des Sommers ab. Einem warmen Sommer folgt in der Regel ein Jahr mit reicher Blüte.
Im Frühling nach einem Bucheckernjahr kann der Waldboden dicht mit den auffallenden Buchenkeimlingen bedeckt sein, die nach entsprechender Ausdünnung einen Teil der Buchenverjüngung liefern.
Von der Rot-Buche gibt es mehrere in Parks angepflanzte Abarten, z.B. die «Blut-Buche», die «Trauer-Buche» und eine eichenblättrige Spielart.

Das Holz der Rot-Buche ist schwer, hart und leicht zu spalten. Frisch gefällt hat es eine weißgelbe Farbe, wird aber später schwach rötlich.

Als Nutzholz findet es vielerlei Verwendung. Es wird zu Eisenbahnschwellen, Möbeln, Parkettstäben, Butterfässern, Kielbäumen für Schiffe usw. verarbeitet. In Deutschland kommt die Rot-Buche fast überall wild vor. Nur auf den höchsten Gebirgen und in sehr trockenen Gebieten fehlt sie. Die Ostgrenze verläuft von Ostpreußen zum Schwarzen Meer. In Nordeuropa kommt sie noch in Südengland, Südnorwegen und Südschweden vor. Im Westen geht sie bis nach Spanien. Im Süden ihres Verbreitungsgebietes tritt sie nur als Gebirgsbaum auf.

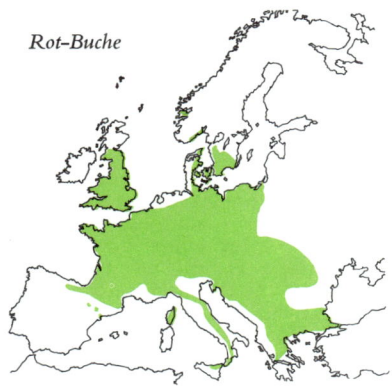

Rot-Buche

49a. Eß–Kastanie
Castánea satíva

Die Eß-Kastanie oder Marone ist vermutlich durch die Römer mit dem Weinbau nach Deutschland eingeführt worden. Die Römer benutzten – wie sie es in ihrer Heimat gewohnt waren – die langen, geraden Schößlinge als Weinstützen.
Die Edel-Kastanie bildet bis zu 30 m hohe, breitkronige Bäume. Der Stamm ist meist stark gedreht und mit einer rissigen Borke bedeckt. Die jungen, rotbraunen Zweige sind anfangs filzig behaart und werden

später kahl. Die Blätter sind 12-20 cm lang, lanzettlich und auf der Oberseite glänzend grün. Am Rand sind sie regelmäßig stachelig gezähnt.
Die Eß-Kastanie blüht bei uns im Mai-Juni. Die männlichen Blüten sitzen zu vielen in 10-20 cm langen, aufrechten Kätzchen. Aus den wenigblütigen, ebenfalls unscheinbaren weiblichen Kätzchen entwickeln sich Früchte, die ähnlich wie die Früchte der Rot-Buche gebaut sind. Äußerlich erinnern sie an die Früchte der Roßkastanie und auch etwa so groß wie diese. In einem dicht mit langen, dünnen und stechenden Borsten besetzten «Becher» befinden sich 2-3 Nüsse, die gekocht, geröstet, aber auch roh mehlig süß schmecken und im Mittelmeergebiet ein wichtiges Nahrungsmittel darstellen.
Das Holz ist sehr fest und kann vielseitig verwendet werden. In Süddeutschland hat sich die Eß-Kastanie an vielen Stellen, besonders in der Oberrheinebene, eingebürgert. Sie wird außerdem häufig in Parks und Anlagen angepflanzt. Ihre Heimat ist Südeuropa, Nordafrika und Kleinasien. In diesen Gebieten wird sie ihrer Früchte und ihres hochwertigen Holzes wegen besonders in höheren Lagen angepflanzt.

50. Stiel- oder Sommer-Eiche
Quércus róbur

Das Wort Eiche kehrt ähnlich wie «Buche» in vielen europäischen Sprachen wieder, z.B. im Schwedischen als Ek, im Englischen als oak und im Altnordischen und Norwegischen als Eik. Außerdem meint man, daß die erste Silbe des Aigeiros (Schwarz-Pappel) und die zweite des lateinischen *Cratáegus* den gleichen Ursprung hat wie unser Wort Eiche. Was der Name bedeutet und auf was er sich bezieht, ist nicht bekannt.
Die Stiel-Eiche wird selten auffallend groß, oft nur etwa 25 m, kann aber sehr dicke Stämme bilden. Sie er-

reicht oft ein sehr hohes Alter, und man findet an vielen Stellen in Deutschland Bäume, die über 1000 Jahre alt sind. Von unseren heidnischen Vorfahren wurde die Eiche als Kultbaum verehrt. Viele dieser Bäume wurden deshalb von den ersten christlichen Missionaren gefällt.

Die Stiel-Eiche hat als junger Baum eine glatte, graue Rinde, die sich im Alter zu einer charakteristischen groben, längsfurchigen Borke entwickelt. Die aus gebogenen Zweigen gebildete Krone der Eiche ist nicht sehr dicht und läßt viel Licht hindurch. Es ist deshalb in Eichenwäldern hell und licht, so daß sich viele Sträucher und Kräuter ansiedeln können. Eichenwälder bieten also ein ganz anderes Bild als die schattigen Buchenwälder. Mitte Mai beginnen die Blätter der Eiche auszutreiben, aber erst Ende Mai sind die Bäume voll belaubt. Die Knospen sind kurz und stumpf und haben ganzrandige Knospenschuppen. Die Blätter sind sehr kurzstielig, glatt, gelappt und haben häufig einen schie-

fen Blattgrund. Seitennerven der Blätter führen sowohl zur Spitze der Lappen als auch zum Grund der Buchten. Den Johannistrieb kann man bei der Eiche häufig beobachten. Darunter versteht man einen zweiten Austrieb im Jahr, der etwa um den 24. Juni (Johannistag) erfolgt.

Die Stiel-Eiche blüht Ende Mai. Die männlichen Blüten sitzen in langen, hängenden Kätzchen, meistens an den vorjährigen Trieben, während die 1-5blütigen weiblichen Kätzchen

aufrecht an ziemlich langen Stielen stehen, die aus den oberen Blattwinkeln der Jahrestriebe entspringen. Die Früchte, die sogenannten Eicheln, sind Nüsse, die am Grunde von einem flachen Becher umgeben sind. Die Eicheln enthalten zwei bittere, ölarme aber sehr stärkereiche Keimblätter, die beim Keimen in der Erde bleiben. Sowohl die Stiel-Eiche als auch die Winter-Eiche (Nr. 51) liefern ein vortreffliches, hartes und festes Holz. Der Splint ist gelblich und verhältnismäßig schmal, der Kern dagegen braun bis dunkelbraun und sehr widerstandsfähig gegen Fäulnis. Die Jahresringe sind sehr deutlich ausgebildet.

Eichenholz wurde zu allen Zeiten für viele Zwecke verwendet. Das hat dazu geführt, daß zahlreiche natürliche Eichenwälder durch Raubbau zugrunde gegangen sind. In den Küstengebieten sind die Eichenwälder besonders durch die Verwendung von Eichenholz zum Schiffsbau zurückgegangen. Zum Bau eines einzigen Linienschiffes benötigte man etwa 2 000 große Eichen und für eine Fregatte 1 200. Besonders in der Zeit von 1500 bis 1750 sind ausgedehnte Eichenwälder vernichtet worden. Aber auch als Bauholz für Schlösser, Fachwerkhäuser, Windmühlen und als Holz für die damals massiven und großen Eichenmöbel und für sonstige Gebrauchsgegenstände wurde die Eiche in ungeheueren Mengen verbraucht. Heutzutage wird das Holz u.a. zum Schiffsbau, besonders für Fischkutter, für Möbel, Parkett und für Böttcherarbeiten verwendet.

Die Eichenrinde enthält große Mengen Gerbstoff; besonders in früheren Zeiten wurde viel davon in den Gerbereien benötigt. Die Eicheln wurden häufig als Schweinefutter verwendet. Es war üblich, die Tiere zur Mast in die Wälder zu treiben.

Das Verbreitungsgebiet der Stiel-Eiche umfaßt ganz Europa mit Ausnahme der nördlichsten und südlichsten Teile; östlich reicht es bis zum Kaukasus und bis nach Kleinasien.

Stiel-Eiche

51. Trauben-, Winter- oder Stein-Eiche

Quércus petráea

Der Name Winter-Eiche deutet darauf hin, daß ein großer Teil des braunen Herbstlaubes den Winter über an jungen Bäumen hängen bleibt, während es bei den ausgewachsenen Stiel-Eichen (Nr. 50) im Herbst abfällt. Die Winter-Eiche wird auch Trauben-Eiche genannt, weil die Früchte dicht in kurzgestielten Trauben beisammensitzen. Bei der Stiel-Eiche ist der gemeinsame Stiel der Früchte dagegen lang, wie der Name der Pflanze andeutet; die Früchte stehen außerdem weiter voneinander entfernt als bei der Winter-Eiche.

Die Winter-Eiche ist von der Stiel-Eiche ferner durch ihre schlankere Wuchsform mit oft durchlaufendem Hauptstamm und regelmäßigere Verzweigung zu unterscheiden. Die Blätter haben einen deutlichen 1-3 cm langen Stiel und einen keilförmigen Blattgrund. Außerdem sind die Blätter glatt, lederartig und die Unterseite ist meist mit verstreuten, nur mit einer Lupe zu erkennenden, sternförmig verzweigten Haaren bedeckt. In der Regel sind die Blätter regelmäßiger gebaut mit mehreren, aber

kürzeren Lappen. Alle Seitennerven führen in die Spitzen der Lappen, keine zum Grund der Buchten. Im Herbst fällt das Laub nicht wie bei der Stiel-Eiche ab, sondern bleibt meist – besonders an jungen Bäumen – den Winter über am Baum. Die Knospen sind schlank und spitz. Die Blütezeit beginnt einige Tage später als bei der Stiel-Eiche. Die weiblichen Blütenstände und damit die Fruchtstände haben keinen oder nur einen sehr kurzen Stiel. Die Eicheln sind oft etwas kleiner als bei der anderen Art. Im übrigen ist die Ähnlichkeit zwischen diesen beiden Eichenarten groß, und da es auch Zwischenformen gibt, ist ein sicheres Bestimmen oft schwierig. Die Winter-Eiche liebt im Gegensatz zur Stiel-Eiche leichten, durchlässigen Boden und ist im Gebirge häufiger als diese. Das Verbreitungsgebiet ist etwas kleiner als das der Stiel-Eiche. In Deutschland sind beide Arten weit verbreitet.

Winter-Eiche

52. Rot-Eiche
Quércus rúbra

Der Name Rot-Eiche deutet auf die sich im Herbst leuchtend rot färbenden Blätter der jungen Bäume hin. Bei älteren ist die Erscheinung nicht so ausgeprägt, ihre Blätter werden meist nur gelbbraun. Die Bezeichnung Amerikanische Rot-Eiche weist auf die Herkunft des Baumes hin, ist ihr aber wahrscheinlich nur als Gegensatz zu der Spanischen Rot-Eiche gegeben worden, die im spanischsprechenden südlichen Teil von Nordamerika vorkommt (Quércus falcáta). Freistehende Rot-Eichen können eine Höhe von etwa 25 m erreichen. Sie bilden eine große, lichte Krone, die aus etwas steiferen und weniger gekrümmten Zweigen als bei den zwei deutschen Eichen (Nr. 50, 51) besteht. Die jungen Zweige färben sich früh dunkelrot.

Die Blätter sind groß, 12–22 cm lang, mit keilförmigem Blattgrund und 7–11 spitzen, entfernt-gezähnten Lap-

pen. Sie haben eine mattgrüne Oberseite und eine blaugrüne Unterseite. Die jungen Pflanzen und Stockaustriebe färben sich im Herbst prachtvoll rot.

Die Eicheln des Baumes entwickeln sich innerhalb von zwei Jahren. Im ersten Jahr nach der Bestäubung erreichen sie nur die Größe einer Erbse, und erst im zweiten reifen sie ganz. Sie sind wesentlich dicker als die der Stiel- und der Winter-Eiche und ihre Haftflächen mit dem Becher sind flach oder konkav. Der Becher ist flach und hat einen ebenen Boden.

Das Holz ist porös und nicht so wertvoll wie das der beiden deutschen Eichen-Arten. Es wird mitunter in der Möbelindustrie verarbeitet.

In der Forstwirtschaft wird die Rot-Eiche zum Bepflanzen von Kies- und Sandböden verwendet. Da sie gleichzeitig windfest ist, wird sie oft an rauhen Stellen in Nadelwaldgebieten angepflanzt. Im Herbst werden Zweige mit den rotgefärbten Blättern häufig in Blumengeschäften angeboten. Die Rot-Eiche ist in den Wäldern des östlichen Nordamerika zu Hause.

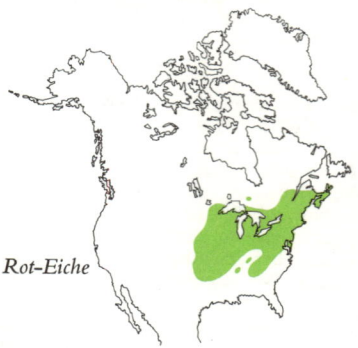

Rot-Eiche

Walnußgewächse *Juglandáceae*

52a. Walnuß oder Nußbaum
Júglans régia

Die erste Silbe des deutschen Namens Walnuß ist verwandt mit dem Wort «welsch» und deutet auf die Herkunft des Baumes aus Italien hin. Zwar ist die Walnuß schon aus der Jungsteinzeit im Bodenseegebiet nachgewiesen worden, doch haben vermutlich die Römer neue Sorten mit größeren Früchten eingeführt, die sich als «Welsche Nuß», im Gegensatz zu dem schon früher nach Deutschland gekommenen kleinfrüchtigen «Deutschen Nußbaum», rasch durchsetzten. Der Nußbaum kann bis zu 30 m hoch werden und besitzt eine breite, ausladende Krone und einen silbergrauen, erst spät rissig werdenden Stamm. Die unpaarig gefiederten Blätter sind sehr groß und bestehen aus 5–9 elliptischen, 6–12 cm langen, kahlen Blättchen. Ihr Rand ist meist glatt. Die männlichen Blüten sitzen zu vielen in Kätzchen, die aus vorjährigen Zweigen hervorbrechen, und die weiblichen entwickeln sich zu wenigen an diesjährigen Trieben. Die annähernd kugeligen Früchte werden 4–5 cm groß. Sie sind im botanischen Sinne keine Nüsse, sondern Steinfrüchte. Das Fruchtfleisch ist grün und kann nicht gegessen werden. Die Steinkerne kommen als Walnüsse in den Handel und entsprechen dem Kern der Pflaume und Kirsche. Der tiefgelappte Samen besteht nur aus dem Keimling, in dessen Keimblättern die Nährstoffe gespeichert sind.

Aus dem gerbstoffreichen Fruchtfleisch werden bräunende Sonnenöle und Holzbeizen hergestellt. Das wertvolle Holz des Nußbaumes wird in der Möbelindustrie, besonders zu Furnieren, verarbeitet.

In Süddeutschland wird die Walnuß häufig angepflanzt. Besonders gut sagt ihr das Klima der Weinbaugebiete zu, wo sie oft verwildert. In Norddeutschland kommt sie nur selten zur Reife und friert in kalten Wintern zurück. Die Heimat des Baumes ist Südeuropa und der Vordere Orient.

Ulmengewächse *Ulmáceae*

53. Berg-Ulme oder Berg-Rüster
Úlmus scábra

Ursprung und Bedeutung des Namens Ulme liegen im Dunkeln; er ist aber im Ausbreitungsgebiet der europäischen Arten als schwedisch Alm, englisch elm usw. zu finden. Es ist möglich, daß das Wort mit dem jütländischen lime (= Besen) und dem altnordischen limr (= dünner Zweig) verwandt ist. Es würde dann auf die

biegsamen, zähen Zweige hindeuten, die in großem Umfange für Flechtarbeiten benutzt wurden.

Ulmen werden große Bäume mit grober, rissiger Borke und dichter, dunkelgrüner Krone mit oft deutlich zweireihigem sympodialem Zweigsystem (vgl. unter Nr. 42).

Die sich im Vorfrühling öffnenden, zwittrigen Blüten brechen aus Knospen hervor, die keine Blätter enthalten. Die Früchte sind geflügelte Nüsse, die durch den Wind verbreitet werden.

Bei der Berg-Ulme sitzen die Blattknospen an der Spitze der Triebe und sind eiförmig und spitz, während die Blütenknospen, die sich weiter unten befinden, ein wenig größer, dick und rund sind. Manche Bäume haben so viele Blütenknospen, daß die Zweige nach dem Verblühen nur wenige Blätter tragen. Die Knospenschuppen sind mit feinen, goldbraunen Haaren bedeckt. Die zweireihig stehenden Blätter entfalten sich Ende

April oder Anfang Mai, sind kurzgestielt, groß (8–16 cm lang), zugespitzt, haben einen etwas schiefen Blattgrund und sind scharf doppelt gesägt. Auf der Oberseite sind sie rauh wie Sandpapier, auf der Unterseite weich behaart. Bei der Berg-Ulme findet man häufig Blätter, besonders an kräftigen Trieben, die an

der Spitze 3lappig sind. Solche Blätter fehlen den folgenden beiden Ulmenarten. Ein Teil der Seitenrippen dieser Blätter ist oft gegabelt.

Die Blüten, die sich Anfang April öffnen, sitzen in kugeligen Blütenständen und entwickeln sich sehr schnell zu Früchten, die im Juni reifen. Sie sind anfangs grün und können schon vor dem Ausschlagen des Laubs in dichten Knäueln am Baum sitzen. Die reifen, hellbraunen Früchte werden in großen Mengen vom Wind verbreitet. Werden sie grünreif gesät, keimen sie im gleichen Jahr, werden sie vollreif gesät, keimen sie erst im folgenden Frühjahr. Bei der Berg-Ulme sitzt die Nuß in der Mitte der Flügelfrucht. Der kleine Einschnitt an der Spitze der Flügel reicht nicht bis an die Nuß.

Die Berg-Ulme wächst am besten auf tiefgründigem, nährstoffreichem, besonders stickstoffreichem Mutterboden. Im Forst wird sie nur selten angepflanzt, da das Holz oft Fehler hat (z.B. eingewachsene Äste, Frostrisse und grünliche Streifen). Fehlerfreies Holz ist wertvoll. Es ist zäh und schwer zu spalten, hat einen braunen Kern und eine helle und dicke Splintschicht. Die Jahresringe sind sehr deutlich zu sehen. Das Holz wird hauptsächlich in der Möbelindustrie verarbeitet und dann stets als Rüster bezeichnet.

Berg-Ulme

Von der Berg-Ulme gibt es mehrere abweichende Formen, so die Trauer-Ulme mit hängenden Zweigen.

Das Verbreitungsgebiet der Berg-Ulme umfaßt große Teile Europas. Im Norden geht sie bis Bodö in Norwegen, im Osten bis nach Asien.

54. Feld–Ulme oder Feld–Rüster
Úlmus carpinifólia

Die Feld-Ulme hat in der Regel einen geraden Stamm mit durchlaufender Achse. Sie kann schneller baumförmig werden als die Berg-Rüster (Nr. 53), die lange strauchförmig bleibt.

Die Feld-Ulme hat im allgemeinen kleinere Blätter als die vorhergehende Art. Sowohl Form als auch Größe der Blätter wechseln stark. Die Blätter haben einen bis zu 1,5 cm langen Stiel und sind an der Oberseite glatt und glänzend (bei Stocktrieben auch etwas rauh). Die Unterseite ist ebenfalls glatt oder fast glatt und der Blattgrund sehr schief. Die Seitennerven können gabelig verzweigt sein.

Die jungen Zweige sind fast glatt und die weißbehaarten Knospen kleiner als bei der Berg-Ulme, haben aber im übrigen die gleiche Form.

Typisch für die Feld-Ulme ist, daß sie sich durch Wurzeltriebe vermehrt. Häufig findet man an den Zweigen Korkleisten, besonders an jüngeren

Trieben. Sowohl der Austrieb der Blätter als auch der Laubfall tritt später als bei der Berg-Ulme ein. Im

Herbst sind die Blätter leuchtend gelb gefärbt.

Die Früchte sind ein wenig kleiner als bei der vorhergehenden Art. Die Nuß sitzt in der Frucht etwas oberhalb der Mitte und der Einschnitt an der Spitze des Flügels reicht bis zu ihr.

Das Holz der Feld-Ulme gilt als das beste Rüsternholz.

Die Feld-Ulme kommt in ganz Deutschland – mit Ausnahme des nordwestlichen Teiles – wild vor. Sie wird häufig in Parks und an Straßenrändern angepflanzt. Ihr übriges Ausbreitungsgebiet ist das südliche und östliche Europa, Nordafrika, Syrien, Nordpersien und große Teile Asiens.

Die Borke des Stammes ist nicht so grob rissig wie bei den zwei vorhergehenden Arten. Sie löst sich in dünnen, hellgrauen Schuppen ab. Ähnlich der Feld-Ulme kann die Flatter-Ulme sich durch Wurzeltriebe vermehren.

Die Blüten und Früchte sind langgestielt und unterscheiden sich dadurch von denen der beiden anderen Ulmen. Die Früchte sind klein, die Flügel deutlich gewimpert und haben an der Spitze eine verhältnismäßig breite Kerbe.

Die Flatter-Ulme ist in Deutschland seltener als die beiden anderen Arten und vor allem in Stromtälern und Auwäldern zu finden.

Das Holz ist nicht sehr wertvoll, weil es porös ist und eine sehr dicke Splintschicht hat.

Feld-Ulme

Flatter-Ulme

55. Flatter-Ulme
oder Flatter-Rüster
Úlmus láevis

Der Name deutet auf die langen Blütenstiele hin, an denen die Blüten und Früchte im Wind flattern. Der Blütenstand ähnelt einer Dolde, ist aber in Wirklichkeit viel komplizierter gebaut.

Die Blattform der Flatter-Ulme gleicht der der Feld-Ulme, die Blätter sind jedoch kürzer gestielt und am Grunde schief. Die Seitenrippen der Blätter sind nur selten gegabelt. Die Blattknospen sind schlank und spitz und ähneln den nur wenig dickeren Blütenknospen.

Hahnenfußgewächse
Ranunculáceae

55a. Waldrebe
Clématis vitálba

Der deutsche Name deutet darauf hin, daß die Waldrebe an Bäumen und im Gebüsch hochklettert und dadurch eine gewisse Ähnlichkeit mit der Weinrebe (Nr. 100a) hat.

Die Waldrebe bildet bis zu 10 m lange, linkswindende Zweige und verschafft sich zusätzlichen Halt dadurch, daß sie mit ihren Blattstielen die Äste anderer Pflanzen umschlingt. Auf diese Weise kann die Waldrebe Sträucher und kleinere Bäume oft vollkommen einspinnen. Sie hat gegenständige, unpaarig gefiederte Blätter, die aus 5 ovalen, spitzen, grob gezähnten Blättchen bestehen. Die Zweige sind gefurcht, jung behaart und später mit einer sich in langen Streifen ablösenden Rinde bedeckt. Die weißen, 2 cm großen Blüten duften schwach und erscheinen vom Juni an bis in den August hinein. Die auch im Winter an der Pflanze bleibenden Früchte sind mit einem langen, federartigen Anhang versehen, der der Verbreitung der Früchte durch den Wind dient.

Die Waldrebe kommt bei uns ziemlich häufig in Auwäldern, an Waldrändern und in Waldlichtungen auf nährstoff- und meist kalkreichen Böden vor. Ihr Verbreitungsgebiet umfaßt Europa, den vorderen Orient und den Kaukasus.

Berberitzengewächse
Berberidáceae

56. Berberitze oder Sauerdorn
Bérberis vulgáris

Der Name *Bérberis* ist im Mittelalter in wissenschaftlichen Abhandlungen (in süditalienischen medizinischen Büchern) entdeckt worden und stammt sicher aus der arabischen Sprache. Durch das mittelalterliche Latein ist er in vielen europäischen Sprachen in verschiedener Form aufgenommen worden.

Der Sauerdorn ist ein schöner, dichtverzweigter, gut mannshoher Strauch mit überhängenden, glatten, schwach gefurchten, gelbbraunen Zweigen. Alle Blätter der Langtriebe sind in 1–3 verzweigte Dornen (Blattdornen) umgewandelt. In ihren Winkeln sitzen die Kurztriebe, die büschelartig breit elliptische bis verkehrt eiförmige Blät-

ter mit gebogenem und stechendem Rand tragen.

Die Blüten, die sich Ende Mai öffnen, sind gelb, haben 6 Kelchblätter und 6 Kronblätter und sitzen in Trauben beisammen. Sie haben einen eigentümlichen, faden Geruch. Wenn man die 6 Staubblätter an ihrem unteren Teil reizt (Biene oder Bleistiftspitze), so klappen sie zum Stempel hin zusammen und bestäuben dadurch die besuchenden Bienen, die den Pollen in andere Blüten tragen.

Die Früchte sind länglich und leuchtend rot. Sie sind sehr dekorative Beeren von säuerlichem Geschmack, der unter anderem auf den Gehalt an Äpfelsäure zurückzuführen ist, und enthalten viel Vitamin C.

Die Berberitze ist der Zwischenwirt für den äußerst schädlichen Getreide-Rost, *Puccínia gráminis*, der auf verschiedenen Getreidearten schmarotzt und bedeutenden Schaden anrichten kann. Auf der Berberitze zeigt sich der Pilz auf den Blättern im Mai-Juni in Form von orangegelben, verdickten Flecken, in denen sich sogenannte Aecidiosporen bilden, die nicht auf der Berberitze keimen können, aber vom Wind weitergetragen werden und auf den Blättern verschiedener Gräser, darunter auf unseren Getreidearten, keimen. Sie leben in deren Blättern und bilden nach kurzer Zeit rostfarbene Sporenlager mit neuen Sporen, den Uredosporen, aus. Diese keimen wiederum auf anderen Grasblättern, und so kann sich der Schädling im Laufe des Sommers schnell über ein großes Gebiet ausbreiten. Gegen Ende des Sommers, wenn die Grasblätter und -halme absterben, bildet sich in einigen schwarzen Sporenhäufchen eine weitere Art von Sporen, die Teleuto- oder Wintersporen, mit deren Hilfe der Pilz überwintert. Sie keimen im Frühjahr im Boden und erzeugen eine vierte Sorte von Sporen, die Basidiosporen, die nur auf den Blättern des Sauerdorns keimen können. Damit ist der komplizierte Kreislauf geschlossen.

Das Holz des Sauerdorns ist gelb, sehr hart und wird zu feineren Einlegearbeiten verwendet. Es enthält – wie Rinde und Wurzel – einen gelben Farbstoff, geeignet zum Färben von Wolle und Leder.

Die Berberitze kommt in Süd- und Mitteldeutschland besonders auf Kalkböden wild vor. In Norddeutschland ist sie erst durch den Menschen eingeführt worden. Ihre Hauptverbreitung liegt in Südeuropa.

Verwandt mit der Berberitze ist die Mahonie, *Mahónia aquifólium*. Sie ist ein niedriger Strauch, der häufig mit der Stechpalme (Nr. 93) verwechselt wird. Wie diese besitzt die Mahonie dornig gezähnte, immergrüne Blätter. Sie sind jedoch unpaarig gefiedert, und nur die Einzelblättchen erinnern an die Stechpalme.

Die Mahonie wird nur selten höher als 1 m. Die Blätter sind glänzend grün und in der Jugend oft rötlich. Die gelben Blüten gleichen denen der Berberitze. Die Früchte sind schwarz, blau bereift und enthalten roten Saft. Der sehr formenreiche Strauch wurde 1823 aus seiner Heimat Nordamerika eingeführt und kann gelegentlich verwildert angetroffen werden.

Steinbrechgewächse
Saxifragáceae

57. Rote Johannisbeere
Ríbes rúbrum

Der deutsche Name ist darauf zurückzuführen, daß die Beeren etwa am Johannistag (24. Juni) reifen.

Die Johannisbeeren sind Sträucher mit wechselständigen, handförmig gelappten Blättern. Die 5zähligen Blüten sitzen in Trauben. Die farbigen Kelchblätter sind in der Regel größer als die Blütenblätter. Die Früchte sind Beeren, in deren saftigem Fruchtfleisch die Samen eingebettet sind.

Die aus unseren Gärten bekannte Rote Johannisbeere ist das Ergebnis einer Züchtung, die von verschiedenen klein- und sauerfrüchtigen Wildformen ausging. Gemeinsam ist diesen 1-2 m hohen Sträuchern, daß sie sich oft durch auf dem Boden niederliegende und wurzelnde Zweige vermehren. Die Winterknospen sind spitz und braun. Die Rinde löst sich bei älteren Zweigen in dünnen, langen Schuppen. Die gesägten Blätter bestehen aus 3-5 spitzen Lappen und sind geruchlos. Die kleinen zwittrigen Blüten der Roten Johannisbeere sitzen in hängenden, dichten Trauben. Die Kelchblätter sind grünlich, bräunlich oder rotbraun und ungefähr doppelt so lang wie die gelblichen Blütenblätter.

Die mehr oder weniger sauren Beeren sind meist rot, aber es gibt auch gezüchtete Sorten mit weißgelben Beeren. Johannisbeeren werden zu Saft, Marmelade, Gelee, Likör usw. verarbeitet.

Wild wächst die Rote Johannisbeere in Auwäldern, in Erlensümpfen und Gebüschen auf nicht zu trockenem Boden.

Die wilde Form findet man in Nord- und Nordosteuropa, bis Lappland und Sibirien. In Deutschland kommt sie im Rheinland und in Schleswig-Holstein vor.

58. Schwarze Johannisbeere
Ríbes nígrum

Der Name Schwarze Johannisbeere bezieht sich auf die schwarze Farbe der Früchte.

Die Blätter dieser Art haben ebenfalls 3-5 spitze Lappen, sind jedoch unterseits mit kleinen, gelben, duftenden Drüsenhaaren besetzt.

Die außen grünlichen, innen violettroten Blüten sind glockenförmig und größer als bei der Roten Johannisbeere (Nr. 57). Außerdem sitzen sie in lockeren, wenigerblütigen Trauben. Die schwarzen Beeren haben einen eigentümlichen Geschmack und werden ähnlich verwendet wie die Roten Johannisbeeren.

Die Knospen der Schwarzen Johannisbeere sind rotbraun, rundlich und wie die Blätter mit gelben Drüsenhaaren besetzt.

Auch die Schwarze Johannisbeere ist wildwachsend und verwildert in Gebüschen und Wäldern auf feuchtem Boden, besonders in Erlenbrüchen und Auwäldern, zu finden, wo sie mit Hilfe der niederliegenden und wurzelschlagenden Zweige kleine Gebüsche bilden kann.

Ihr Verbreitungsgebiet umfaßt die europäisch-asiatischen Waldgebiete, von Nordwestfrankreich und England bis Rußland. Sie ist auch im Kaukasus, Zentralsibirien und in großen Teilen von Asien zu finden. Im südlichen Europa kennt man sie nur als Kulturpflanze. In Deutschland kommt sie hier und da, besonders in Norddeutschland, wild vor.

59. Stachelbeere
Ríbes úva-críspa

Der Name Stachelbeere bezieht sich auf die Stacheln an den Zweigen.

Der Stachelbeer-Strauch ist ein niedriger Strauch mit teils aufrechten, teils nach unten gebogenen Zweigen. Im Gegensatz zu den Johannisbeeren ist die Stachelbeere mit unverzweig-

ten oder 2-3teiligen Stacheln versehen, die unterhalb der Blätter sitzen. Diese sind 3-5lappig und kleiner als die Blätter der Roten und Schwarzen Johannisbeere (Nr. 57, 58). Das Laub schlägt bereits im April aus.

Die Blüten sitzen in 1-3blütigen Trauben. Sie sind glockenförmig und haben rötliche Kelch- und weißgelbe Blütenblätter.

Die Beeren sind groß – am größten bei den Kulturformen – und rot, gelb oder grün. Sie können glatt, weich- oder steifhaarig sein und werden zu Saft, Marmelade und Gelee verarbeitet.

In Stachelbeerpflanzungen kann die Raupe des Stachelbeer-Spanners, *Abráxas grossulariáta*, mitunter die Sträucher ganz entlauben, verursacht aber selten größeren Schaden.

Die Stachelbeere ist in ganz Europa, mit Ausnahme des südlichen Teiles, und in Westasien verbreitet. Es ist jedoch schwer festzustellen, wo sie ursprünglich beheimatet war, weil sie seit dem Mittelalter überall angepflanzt wird und sehr leicht verwildern kann.

60. Alpen-Johannisbeere
Ríbes alpínum

Die Alpen-Johannisbeere unterscheidet sich von den oben erwähnten Arten besonders dadurch, daß sie zweihäusig ist, das heißt, die eingeschlechtlichen Blüten erscheinen auf getrennten Pflanzen, so daß man rein männliche und rein weibliche Sträucher findet.

Die kleinen Blätter sind 3lappig und glänzen auf der Unterseite. Bereits im Herbst sind die großen hellen, fast weißen Knospen voll entwickelt, und das Laub beginnt normalerweise schon in der zweiten Aprilwoche auszutreiben.

Die Blütentrauben stehen aufrecht. Die männlichen Trauben sind dicht und reichblütig, die weiblichen locker und mit wenigen Blüten besetzt. Die weiblichen Blüten enthalten verkümmerte Staubgefäße, die männlichen zurückgebildete Stempel. Die roten Beeren schmecken fade. Die Alpen-Johannisbeere ist wegen ihres zeitigen Austriebes eine beliebte Heckenpflanze, und da sie außerdem Schatten verträgt, wird sie in Gärten als Unterholz an schattigen Stellen angepflanzt, wo andere Sträucher nicht mehr gedeihen. Die Alpen-Johannisbeere kommt in ganz Europa, außer im Mittelmeergebiet vor. In Deutschland wächst sie hier und da wild, besonders gern auf Kalkboden.

Platanengewächse *Platanáceae*

60a. Bastard-Platane
Plátanus ×acerifólia

Die Platane wächst bei uns zu ansehnlichen, bis zu 35 m hohen Bäumen mit mächtiger, schattenspendender Krone heran. Die Stämme sind leicht an der sich in großen Platten ablösenden Borke zu erkennen. Der Stamm geht oft bis zur Spitze durch, und die jungen Triebe sind dicht mit braunfilzigen Haaren bedeckt.

Die 3–5lappigen, ahornähnlichen Blätter sind 12–25 cm breit und die Lappen meist breit dreieckig mit oft gezähntem Rand. Die älteren Blätter sind fast kahl. Die unscheinbaren Blüten stehen in kugeligen, langgestielten Köpfchen beieinander. Die ebenfalls kugeligen Fruchtstände sind 2,5 cm dick und hängen meist zu zweien, seltener einzeln oder zu dreien, an langen Stielen von den Zweigen. Die Bastard-Platane ist eine schon vor langer Zeit entstandene Kreuzung zwischen der aus Nordamerika stammenden Amerikanischen Platane, *Plátanus occidentális,* und der in Kleinasien vorkommenden Morgenländischen Platane, *Plátanus orientális.* Diese beiden Arten werden in Deutschland heute nur noch selten angepflanzt. Die Bastard-Platane dagegen ist häufig als Park- und als Straßenbaum zu finden und gedeiht selbst in unseren Großstädten noch gut. Sie benötigt aber zur Entwicklung ihrer großen Krone viel Platz.

Rosengewächse *Rosáceae*

61. Weidenblättriger Spierstrauch
Spiráea salicifólia

Der lateinische Name *Spiráea* ist auf die spiralig gedrehten Früchtchen zurückzuführen. Alle Vertreter dieser Gattung sind Sträucher. Der Volksmund bezeichnet oft auch zwei Stauden, den Geißbart, *Arúncus,* und die häufig in Gärten angepflanzte *Astílbe* als Spiräe.

Der Weidenblättrige Spierstrauch ist ein 1–1,5 m hoher Strauch mit aufrechten, glatten, gelbbraunen Zweigen, die mit zunehmendem Alter grau werden und eine dünne, sich in Streifen lösende Rinde bekommen. Die Knospen sind klein und öffnen sich zeitig. Die entfernt stehenden, bis 7 cm langen Blätter sind lanzettlich und fiedernervig. Der Rand ist ge-

sägt. Die Oberseite der Blätter ist glatt, die Unterseite kann am Mittelnerv schwach behaart sein. Die Blüten sind klein und 5zählig mit hellroten, seltener weißen Kronblättern. Sie stehen in schmalen und dichten, reichblütigen, rispigen Blütenständen beisammen, die am Ende der Zweige sitzen. Die Staubgefäße sind länger als die Kronblätter. Die Früchte sind Sammelfrüchte, die aus 5 Balgfrüchtchen bestehen.

Der Weidenblättrige Spierstrauch wird in Gärten angepflanzt und verwildert häufig an Bachufern und in Auwäldern. Er kann sich durch unterirdische Ausläufer vermehren.

Die Heimat des Strauches ist Osteuropa und Asien. Bei uns ist er schon lange in Kultur.

62. Fiederspiere
Sorbária sorbifólia

Dieser dichte und buschige Strauch kann bis zu 1,5 m hoch werden. Er ähnelt den Spiersträuchern (Nr. 61), ist aber von diesen durch die etwa 30 cm langen, unpaarig gefiederten Blätter zu unterscheiden, die aus 13–23 lanzettlichen, 5–10 cm langen, gesägten

Blättchen bestehen. Die Blütenstände sind dicht mit Sternhaaren bedeckt.

Die Fiederspiere verbreitet sich ebenfalls stark durch unterirdische Ausläufer, und da sie gleichzeitig außerordentlich widerstandsfähig ist und selbst auf magerem Boden gedeiht, wurde sie früher gelegentlich in Hecken angepflanzt und ist vereinzelt verwildert anzutreffen.

Die Pflanze ist im nördlichen Asien zu Hause.

63. Zwergmispel
Cotoneáster integérrimus

Der Name Zwergmispel deutet auf die nahe Verwandtschaft mit der Mispel hin. Die Blätter und Früchte sind jedoch kleiner als bei dieser, und die meisten Arten sind von niedrigerem Wuchs.

Die Zwergmispel ist ein niedriger Strauch mit niederliegenden oder aufrechten Zweigen. Die Blätter sind wechselständig, oval und ganzrandig, auf der Oberseite glatt und matt dunkelgrün, auf der Unterseite weiß- bis graufilzig.

Die jungen Zweige sind behaart, werden aber später kahl und rotbraun. Die kleinen, weißen oder hellroten Blüten sitzen zu 2 oder 4 in hängenden Trauben. Die Früchte sind kugelrund, etwa 6 mm im Durchmesser, leuchtend rot und haben meistens 2 Samen.

Die Zwergmispel kommt in Deutschland ziemlich selten an Felsen und in trockenen, sonnigen Buschwäldern auf Kalkboden vor. Ihre Hauptverbreitung liegt im Mittelmeergebiet und in Kleinasien. Im Norden geht sie bis nach Südskandinavien.

64. Ährige Felsenbirne
Amelánchier spicáta

Der Name Felsenbirne deutet auf die Ähnlichkeit der Früchte mit der Birne hin.

Die Ährige Felsenbirne ist ein bis zu 4 m hoher Strauch mit vielen Stämmen und schlanken Zweigen. Die ovalen Blätter sitzen entfernt, haben eine abgerundete Basis und eine kurze Spitze. Der Blattrand ist fein gesägt. Die jungen Blätter sind an der Unterseite schwach weiß behaart, werden aber später kahl. Die weißen Blüten haben lange und schmale Blütenblätter und stehen in reichblütigen, aufrechten oder abstehenden Trauben beisammen. Die Blütenblätter sind auf beiden Seiten kahl. Der Strauch blüht im April-Mai sehr reich. Die Früchte sind rund, ungefähr 1 cm im Durchmesser, behaart und reif blauschwarz. Sie enthalten ein 10teiliges Kerngehäuse und können zu Saft und auch zu Marmelade verarbeitet werden. Die Ährige Felsenbirne ist in Nordamerika zu Hause und wird in jüngster Zeit häufig in Gärten und Anlagen angepflanzt. Da sie außer ihrem dekorativen Wert auch noch genügsam und zäh ist, kann sie zum Bepflanzen von magerem oder sandigem Boden verwendet werden. In Norddeutschland kommt sie auch hier und da in Kiefernwäldern verwildert vor.

Verwandt mit der Ährigen Felsenbirne ist die Gewöhnliche Felsenbirne, *Amelánchier ovális,* die in Süddeutschland, in Hessen und in Thüringen an sonnigen Felshängen wild vorkommt. Ihr Hauptverbreitungsgebiet liegt in den Mittelmeerländern. Sie unterscheidet sich von der nordamerikanischen Art durch die außen zottig behaarten Blütenblätter und die an beiden Enden abgerundeten Laubblätter.

65. Zweigriffeliger Weißdorn
Cratáegus oxyacántha
Der Name Weißdorn bezieht sich auf die dornenreichen Äste und die weißen Blüten. Der Zusatz «zweigriffelig» deutet darauf hin, daß jede Blüte zwei Griffel enthält.
Der Zweigriffelige Weißdorn ist in seiner typischen Form ein nicht über 10 m hoher Strauch, der oft vom Grund an mehrere Stämme hat.
Die Blätter sind ein wenig eingeschnitten, verkehrt eiförmig, und die untersten Seitennerven sind vor-

wärtsgekrümmt. Die Blattoberseite ist dunkelgrün und etwas glänzend.
Die Blüten haben meistens 2, seltener bis zu 5 Griffel. Die Früchte sind bei der Reife eiförmig bis kugelig und haben mehrere Steine, die der Anzahl der Griffel entsprechen. Die Kelchblätter stehen an der Frucht nach vorn, sind stumpf und dreieckig. Beim Zweigriffeligen Weißdorn treiben die Blätter Anfang Mai aus.
In Deutschland ist der Strauch weit verbreitet und wird gelegentlich, jedoch seltener als der Eingriffelige Weißdorn (Nr. 66), zu Hecken angepflanzt.
Das Verbreitungsgebiet umfaßt Mittel- und Südeuropa. Im Norden reicht es bis nach Südschweden.

66. Eingriffeliger Weißdorn
Cratáegus monógyna
Das Eigenschaftswort eingriffelig bezieht sich auf die eingriffeligen Blüten. Eine andere Bezeichnung, nämlich Hagedorn, finden wir im Norwegischen als Hagetorn, im Altnordischen als hagporn und im Englischen als hawthorn wieder. Die erste Silbe ist mit dem Wort Hecke verwandt und deutet darauf hin, daß die Pflanze in alten Zeiten an Waldsäumen und als lebende Hecke vorkam. Die Verwendung als beschnittene Hecke ist bestimmt jünger als die hier aufgeführten Namen.
Dieser Weißdorn weicht von der vorhergehenden Art dadurch ab, daß er baumförmig werden kann und eine dichtverzweigte Krone hat. Er kann, wenn auch selten, bis zu 20 m hoch werden. Die jungen Zweige sind rotbraun, später werden sie aschgrau. Außer den Langtrieben kommen auch Kurztriebe vor, von denen ein Teil zu 1 cm langen, rotbraunen Dornen umgewandelt sind. Die Knospen sind klein und rötlich, und die Blätter treiben etwa eine Woche später aus als beim Zweigriffeligen Weißdorn.

Die wechselständigen Blätter sind tief gelappt bis fiederspaltig, und die unteren Seitennerven sind zurück-

gebogen. Die Oberseite der Blätter ist mattgrün, die Unterseite oft ein wenig bläulichgrün.

Die weißen, 5zähligen Blüten sitzen in reichblütigen Doldenrispen und die Blütenstiele sind behaart. Die Blüten enthalten einen Griffel und meistens 20 Staubgefäße und haben einen an Hering erinnernden Duft, der dem Gehalt von Trimethylamin zuzuschreiben ist. Die Blütezeit beginnt im Mai. Die jungen Früchte sind weichhaarig, rot, ei- oder kugelförmig und haben einen zitronenförmigen Stein. Die an der Spitze der Frucht sitzenden Kelchblätter sind zurückgebogen, kurz und stumpf.

Vom Eingriffeligen Weißdorn gibt es mehrere Spielarten, unter anderem den in Gärten recht häufig angepflanzten Rotdorn.

Das Holz beider Weißdorn-Arten ist hart, fest und schwer. Es eignet sich gut zu Schnitzarbeiten. Früher wurde das Fruchtfleisch getrocknet und dem Mehl zugesetzt, worauf sich vermutlich die Namen Mehlbeere (vgl. auch Nr. 69) und Mehlfäßchen beziehen. Man findet den Eingriffeligen Weißdorn häufig in Hecken angepflanzt. Er gedeiht sehr gut auf nicht zu magerem Boden.

Der Strauch ist in Europa bis nach Südskandinavien verbreitet. Er kommt außerdem in Nordafrika und in einigen Gebieten Asiens vor.

67. Mistel
Víscum álbum

Der deutsche Name wird häufig von dem Wort Mist abgeleitet und dies damit erklärt, daß der Mistelsamen durch den Mist der Vögel verbreitet würde. Die Kenntnis dieser Verbreitungsart ist jedoch sicher jünger als der in alter Zeit in nordischen und mitteleuropäischen Gebieten entstandene Name. Aber da die Pflanze (wenn sie auf Eichen schmarotzt) auf schwedisch Ek-kåda (Eichen-Harz) heißt und im mittelalterlichen Latein als Sudor Quercus (Eichen-Schweiß) bezeichnet wurde und da man weiß, daß die Mistel früher als krankhaftes Gewächs betrachtet wurde, liegt die Annahme nahe, daß man unter «Mist» außer Dung auch Schweiß oder Geschwür verstand.

Die Mistel, die zu den Mistelgewächsen *(Loranthàceae)* gehört, wird deshalb hier besprochen, weil sie oft an den Stämmen und Zweigen der Eberesche (Nr. 68), des Apfelbaums (Nr. 73) und des Weißdorns (Nr. 65, 66) schmarotzt, also an Bäumen, die zu den Rosengewächsen gehören. Die Mistel ist ein immergrüner, gabelzweigiger Strauch mit gegenständigen, schmalen, gelbgrünen und lederartigen, am Grunde keilförmigen Blättern und grünen Zweigen.

Sie ist zweihäusig, das heißt, es gibt sowohl weibliche wie männliche Pflanzen. Die männlichen Blüten sind 4- oder 6zählig, die weiblichen stets 4zählig. Sie sitzen an den Spitzen der Zweige, blühen im April-Mai und sind sehr unscheinbar.

Die Früchte sind weiße, ein wenig durchsichtige Beeren, in denen sich 1-2 Samen befinden. Das Fruchtfleisch enthält einen klebrigen Saft. Durch ihn bleiben die Samen an den Schnäbeln verschiedener Vögel, besonders der Misteldrosseln, kleben. An Zweigen und Stämmen wetzen die Vögel den Schnabel, um sich zu reinigen und streifen dabei die Samen

Mistel

ab (früher wurde Mistelsaft zur Herstellung von Vogelleim verwendet!). Auf diese Weise wird die Mistel von Baum zu Baum weiter verbreitet. Aus den Samen entwickelt sich ein Keimsproß, der sich zum Ast hinkrümmt und eine Haftscheibe bildet, die am Zweig festwächst. Diese Haftscheibe treibt einige Wurzeln zwischen das Holz und die Rinde der Zweige. Diese verzweigen sich und entnehmen dem Wirt Wasser und Nährsalze.

Bei der Mistel unterscheidet man 3 Unterarten, von denen die Laubholz-Mistel, ssp. *álbum,* auf verschiedenen Laubbäumen (außer den obenerwähnten auch auf Pappeln, Weiden und sehr selten auf Eichen), die Tannen-Mistel, ssp. *abiétis,* auf der Weiß-Tanne und die Kiefern-Mistel, ssp. *austríacum,* auf Kiefern schmarotzt.

In vielen Gegenden Deutschlands kommen Misteln häufig vor. In Auwäldern und Obstgärten findet man die Laubholz-Mistel und in natürlichen Tannen- und Kiefernwäldern die beiden Nadelholz-Misteln.

Die Mistel hat in der Mythologie und im Aberglauben eine große Rolle gespielt. Als Heilpflanze wurde sie u.a. gegen Epilepsie verwendet.

68. Eberesche oder Vogelbeere
Sórbus aucupária

Der Name Eberesche weist auf die Ähnlichkeit der Blätter mit denen der Esche (Nr. 110) hin. Die Vorsilbe «Eber» bedeutet soviel wie falsch (vgl. «Aber»glaube). Eberesche heißt also «Falsche Esche». Vogelbeere heißt die Pflanze, weil ihre Früchte den Vögeln im Winter als Nahrung dienen.

Die Eberesche ist ein dornenloser Baum oder großer Strauch mit spiralig gestellten Blättern und einer Krone, die aus Kurz- und Langtrieben mit großen Winterknospen aufgebaut ist. Die Blüten sind weiß bis weißgelblich und haben 5 Kelchblätter, 5 Blütenblätter und sitzen in dichten, reichblütigen Doldenrispen. Sie riechen stark wie die des Weißdorns (Nr. 65, 66) nach Heringslake. Die Frucht ist beerenartig mit einem schwachen, oft zurückgebildeten Kerngehäuse, das in jedem Fach einen Samen enthält.

Die Eberesche ist normalerweise ein kleiner, selten über 10 m hoher Baum mit unpaarig gefiederten Blättern,

die aus 9–15 lanzettlichen, scharf gesägten Blättchen bestehen. Die Blätter treiben zeitig, etwa Mitte April, aus und werden Ende Oktober abgeworfen, nachdem sie sich vorher gelb oder rot verfärbt haben. Der Baum blüht Ende Mai und die Früchte reifen im August. Sie sind korallenrot und enthalten meist 3 Samen, schmecken sauer, aber aromatisch, und können zu Gelee verarbeitet werden. Hierzu, wie auch zur Süßmostbereitung, eignet sich besonders eine durch Auslese gezüchtete süße Abart der Eberesche (var. *édulis*). Ihre Früchte sind sehr vitaminreich. Die Verbreitung des Samens erfolgt meist durch Vögel, indem die Samen – wie auch bei vielen anderen Pflanzen – den Verdauungskanal der Vögel durchlaufen, ohne ihre Keimfähigkeit zu verlieren. Meist wird die Keimung dadurch sogar noch beschleunigt. Es kann noch erwähnt werden, daß in manchen Jahren der Fruchtansatz geringer ist als in anderen. Dann geht die Vogelbeer-Motte, die normalerweise auf der Eberesche lebt, auf die Äpfel über und verursacht hier größere Verluste. Die Jahrestriebe sind braunviolett oder graubraun und haben große, hervortretende Korkporen. Die Knospen sind grau oder schwarz bis braun.

Die Eberesche verlangt Licht, ist aber sehr genügsam in Bezug auf den Boden. Sie ist überall in Wäldern, Gebüschen und Hecken anzutreffen und kommt in ganz Deutschland, im Gebirge bis zur Waldgrenze, vor. Ihre Verbreitung umfaßt Europa, Westsibirien und Kleinasien. In Skandinavien geht sie bis ins nördliche Norwegen.

Das Holz ist fest und hart, hat einen hellroten Splint und dunkleres, bräunliches Kernholz. Es wird vorzugsweise von Drehern und Bildschnitzern verwendet.

Sehr ähnlich der Eberesche ist der Speierling, *Sórbus doméstica*. Er ist von der Vogelbeere leicht durch die viel größeren Früchte zu unterscheiden. In jedem Fruchtstand entwickeln sich 2–3 der etwa 2,5 cm großen, birnen- seltener apfelförmigen Früchte, die reif braun gefärbt sind. Die Blätter sind wie bei der Eberesche gefiedert, tragen aber im Unterschied zu dieser in der Jugend braune Drüsenhaare. Der Stamm erhält frühzeitig eine längsrissige Borke.

Der Speierling kommt im Mittelmeergebiet, in Süddeutschland und in Thüringen wild vor. In Süddeutschland wird er auch angepflanzt, da man seine Früchte gern dem «Most» zusetzt.

69. Mehlbeere
Sórbus ária

Der Name Mehlbeere wird auch für den Eingriffeligen Weißdorn (Nr. 66) verwendet.

Die Mehlbeere kann in mehrere Unterarten und Abarten aufgeteilt werden. Die häufigste ist bei uns *Sórbus ária* var. *ária*. Sie ist ein bis zu 20 m hoher Baum mit kugeliger, dichter Krone. Die Knospen sind bräunlich bis rein grün und sitzen an braunen oder grünen Jahrestrieben. Die Blätter sind breit elliptisch oder fast kreisrund, nicht gelappt und auf der Unterseite dicht schneeweiß filzig behaart. Am Blattgrund sind die Blätter ganzrandig, nach oben hin

scharf gesägt und an der Spitze doppelt gesägt. Die jungen Triebe und die Äste der Blütenstände sind weißfilzig behaart.
Die Früchte sind 8–15 mm groß, mehr oder weniger dunkelrot und oft mit zahlreichen Korkporen versehen.

Eine andere Abart der Mehlbeere, *Sórbus ária* var. *rupícola,* kommt wild auf Bornholm, im südlichen Schweden, in Norwegen bis zum 65. nördlichen Breitengrad, in England und in Schottland vor. Sie unterscheidet sich von der Hauptform dadurch, daß die Blätter breit lanzettlich sind und einen keilförmigen, ganzrandigen Grund haben. Die Blätter sind unregelmäßig grob einfach oder doppelt gesägt, steif, auf der Oberseite glänzend grün und auf der Unterseite mit dichtem, grauweißem Filz bedeckt.
Die Frucht ist dicker als lang, hat eine Länge von 12–14 mm und reift Ende Oktober. Das Fruchtfleisch ist gelb, mehlig und schmeckt fade. Die Beeren kamen früher in Nordeuropa – wie auch die der Schwedischen Vogelbeere (Nr. 70) – getrocknet unter dem Namen Bornholmer Rosinen in den Handel.

Eine weitere Abart, *Sórbus ária* var. *obtusifólia,* ist ebenfalls wild in Skandinavien zu finden. Sie unterscheidet sich von der vorhergehenden durch kürzer gestielte, eirunde Blätter, die vom Grund an scharf gesägt sind. Die Unterseite der Blätter ist bleigrau filzig, die Früchte sind etwas kleiner.

70. Schwedische Vogelbeere
Sórbus intermédia

Dieser Baum ist ohne Zutun des Menschen durch Kreuzung zwischen der Eberesche (Nr. 68) und der Mehlbeere (Nr. 69) entstanden.
Die Jahrestriebe sind braun, die Knospen rötlich bis rotgrün, und die Blätter ungeteilt, eiförmig, gelappt und gesägt. Die Blattunterseite ist graufilzig.

Die Blüten sind etwas größer als bei der Eberesche und die Früchte länger, orangerot und dicht mit feinen Korkporen versehen. Sie reifen erst im September, werden dann mehlig und bekommen einen süßlichen Geschmack. Sie enthalten meist 2 Samen. Sät man die Samen dieser Kreuzung aus, so zeigt es sich, daß alle Nachkommen gleichartig sind und mit dem Mutterbaum übereinstimmen. Das liegt daran, daß die Blüten apomiktisch sind. Unter Apomixis versteht man eine Fortpflanzungsart, bei der die Samen ohne Befruchtung aus den Samenanlagen entstehen. So verwundert es nicht, daß die Nachkommen alle der Mutterpflanze gleichen. Das ist von Bedeutung, wenn man Sorten mit wertvollen Eigenschaften züchten will. Man braucht dann nur eine geeignete Pflanze auszusuchen und erhält aus ihren Samen Bäume mit denselben guten Eigenschaften, da keine weitere Kreuzung möglich ist.
Die Schwedische Vogelbeere ist äußerst windfest und wird deshalb auch in Deutschland als Schutz- und Straßenbaum angepflanzt.
Sie kann zu großen Bäumen heranwachsen, wird bis zu 20 m hoch und

erreicht etwa 4 m Stammumfang. Das Holz ist weißlich und hat keinen Kern, ist schwer zu spalten, zäh und eignet sich vortrefflich zur Herstellung von Zollstöcken. Es soll das beste Holz für Kegel und Kegelkugeln sein. Es wird außerdem für Zeichengeräte, Dreher- und Bildschnitzerarbeiten verwendet.

Das natürliche Ausbreitungsgebiet umfaßt Südschweden, Bornholm, Åland und Åbo in Finnland, das Baltikum und Nordostdeutschland.

71. Bastard-Vogelbeere
Sórbus hýbrida

Diese Vogelbeere ist wie die Schwedische Vogelbeere (Nr. 70) eine Kreuzung zwischen der Eberesche (Nr. 68) und der Mehlbeere (Nr. 69). Sie hat rotbraune Knospen und Jahrestriebe, die oft mit deutlichen, hellen Korkporen besetzt sind. Die Blätter haben am Grunde 1-3 Paar freistehende Fiederblättchen, während der Rest der Blattfläche fiederspaltig bis

gelappt und der Rand grob gesägt ist. Die Blattunterseite ist hell graufilzig. Die dichte, runde Krone gleicht der der Schwedischen Vogelbeere (Nr. 70); der Baum wird jedoch nur 4–10 m hoch.

Die Bastard-Vogelbeere blüht einige Tage vor der Schwedischen und hat in der Regel sehr reichblütige, dichte Doldenrispen. Die Früchte sind kugelrund, etwa 12 mm groß und kräftig rot. Sie werden Mitte August reif und haben einen süßsauren Geschmack, der sie zum Einmachen sehr geeignet macht.

Das natürliche Ausbreitungsgebiet ist sehr klein und umfaßt nur die skandinavischen Küsten. Man findet den Baum bei uns hier und da angepflanzt. Außer den beiden hier angeführten und bei uns nur angepflanzten Kreuzungen zwischen der Eberesche und der Mehlbeere gibt es noch weitere. In Deutschland kommen zwei Bastarde vor, die den beiden nordischen sehr ähnlich sind. Sie sind nur vom Fachmann von diesen zu unterscheiden. So hat Sórbus × pseudothuringíaca gelappte Blätter wie die Sórbus intermédia und Sórbus × pinnatífida hat am Grunde gefiederte Blätter, die der Sórbus hýbrida ähneln. Beide Kreuzungen kommen in Thüringen und Bayern wild vor.

72. Elsbeere
Sórbus torminális

Die Elsbeere ist ein altbekannter Baum. Die medizinische Heilkraft ihrer Beeren war bereits zu Zeiten der alten Römer bekannt; Plinius schreibt, daß die Pflanze ein gutes Heilmittel sei – sogar «tantum probabile» – gegen Kolik und Dysenterie; darauf weist auch der lateinische Name hin.

Die Elsbeere ist leicht von den anderen hier erwähnten Sórbus-Arten zu unterscheiden. Sie kann bis zu 20 m hoch werden. Die Knospen sind glänzend grün und stumpf. Die breiten, 5-7lappigen Blätter sind anfangs behaart und werden später kahl. Das untere Blattzipfelpaar steht rechtwinklig ab und ist oft größer als die anderen. Im Herbst färben sich die Blätter blutrot.

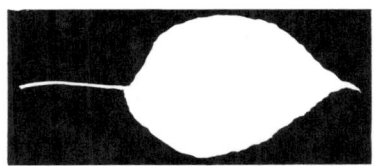

Die reif braunen Früchte sind etwa 1,5 cm lang und nicht ganz so dick. Sie sind mit großen Korkporen bedeckt. Aus den etwa 30–35 Blüten eines Blütenstandes entwickeln sich meist nur 5–10 zu Früchten. In jeder Frucht sind nur 2 große Samen enthalten. Die Elsbeere blüht im Mai, ihre Früchte reifen im September.

Der Baum kommt in Mittel- und Süddeutschland nicht selten in trockenen Mischwäldern auf Kalkboden vor. In Norddeutschland ist er selten und erreicht auf Bornholm, in Dänemark und in Südengland seine Nordgrenze. Sein Hauptverbreitungsgebiet liegt in den Ländern um das Mittelmeer; im Osten geht er bis nach Kleinasien und zum Kaukasus.

Ähnlich wie die Eberesche (Nr. 68) bildet auch die Elsbeere häufig mit der Mehlbeere Kreuzungen *(Sórbus latifólia)*, die die Merkmale beider Eltern in sich vereinigen.

73. Holz-Apfel
Málus silvéstris

Der Apfelbaum kommt in verschiedenen Formen vor und ist im größten Teil Europas bekannt. Er ist sicher eine wichtige alte Kulturpflanze. Schon in der Älteren Edda ist eine Beschreibung des Apfels zu finden. Die Herkunft und Bedeutung des Namens ist noch immer ungewiß. Die kleinen, herben wilden Äpfel, die sich oft mit verwilderten, mild schmeckenden Kultursorten vermischt haben, werden als Holzäpfel bezeichnet. Der wilde Apfelbaum wird selten höher als 10 m und tritt oft als großer Strauch auf. Die Krone ist dicht und besteht aus Lang- und Kurztrieben. Da die Früchte stets an Kurztrieben hängen, werden diese, vom Gärtner Fruchtholz genannt. Einige Kurztriebe verwandeln sich nach dem Absterben der Endknospe in Dornen (unechte Zweigdornen). Die wechselständigen Blätter sind eiförmig bis breit-elliptisch, kurz zugespitzt, gesägt und haben einen Stiel, der ungefähr halb so lang wie die Blattfläche ist. Sowohl die Blätter als auch die jungen Triebe und Knospen sind glatt oder nur schwach behaart.

Die Blätter treiben in der ersten Maihälfte aus, und 14 Tage später öffnen sich die wohlriechenden Blüten. Sie erscheinen an der Spitze von Kurztrieben und sitzen in wenigblütigen Dolden. Die 2–2,5 cm langen Blütenblätter sind auf der Außenseite rötlich, auf der Innenseite weiß. Die zahlreichen Staubbeutel sind gelb.

Die ziemlich langstieligen Holzäpfel sind klein, haben oft nur einen Durchmesser von 3 cm, sind fast kugelförmig und grünlichgelb, doch ab und zu mit einem rötlichen Anflug auf einer Seite. Aus dem sehr sauren Holz-Apfel sind im Laufe der Jahrhunderte viele wohlschmeckende Gartensorten gezüchtet worden. Zusammen mit den Beeren der Eberesche (Nr. 68)

Holz-Apfel

gibt der Holz-Apfel ein vortreffliches Gelee.

Woher der Holz-Apfel, der ja heute in ganz Europa vorkommt, ursprünglich stammt, ist schwer zu sagen. Man nimmt an, daß er schon früh angebaut und dadurch weit verbreitet wurde.

Das Holz hat einen hellroten Splint und einen rotbraunen Kern. Es ist hart, schwer und fest und kann zu hölzernen Schrauben, Zahnrädern und Schnitzereien verarbeitet werden.

Recht oft trifft man in verwilderter Form den Johannis-Apfel, *Málus púmila,* der dem Holz-Apfel ähnelt, aber kürzere Blattstiele, behaarte und

Johannis-Apfel

graufilzige Blätter, Triebe und Knospen und etwas größere, nicht so saure Früchte hat.

74. Wild-Birne
Pýrus áchras

Der Name Birne ist mit dem lateinischen *Pýrus (Pírus)* verwandt, dessen Bedeutung unbekannt ist. Eine Reihe entsprechender Namen in europäischen Sprachen stammt auch von dem Wort Pyrus, so z.B. das dänische Pære, das englische pear usw.

Von der Birne gibt es viele verschiedene Sorten, teils primitive, kleinfrüchtige, teils hochveredelte mit großen Früchten, wie z.B. «Gute Louise», «Conference» und «Graf Moltke». Die hier besprochene Art, *Pýrus áchras,* ist an einigen Stellen wild anzutreffen. Der Birnbaum unterscheidet sich vom Apfelbaum durch seine lichtere Krone mit einem oder mehreren, oft durchlaufenden Haupt-

Wild-Birne

stämmen. Die jungen Triebe sind hellgrau bis bräunlich und mit mehrere Zentimeter langen, echten Zweigdornen versehen. Die Knospen sind grau. Der lange Blattstiel ist von gleicher Länge wie die Blattspreite, die bei die Wildform klein, fast kreisrund und kurz zugespitzt ist.

Die Blüten sind weiß, haben rote Staubbeutel und sitzen in bis zu 9blütigen Dolden. Sie haben einen unangenehmen Geruch.

Die Früchte sind klein, fast kugelförmig und haben vor den Reife einen sauren und herben Geschmack. Reif werden sie gelb und sind durchaus genießbar, aber verfaulen sehr schnell.

Die Wild-Birne bildet sehr gern Wurzeltriebe und wächst dadurch häufig in kleinen Gebüschen beisammen.

Ursprünglich wild, wächst die Birne in Mittel- und Südeuropa und in Westasien. Bei uns kommt sie hier und da in Trockenwäldern und in Felsgebüschen auf Kalk vor.

75. Himbeere
Rúbus idáeus

In Wörterbüchern wird der Name Himbeere in der Regel als Hindbeere gedeutet. Hinde bedeutete früher im Dänischen, Deutschen und Englischen weiblicher Hirsch. Da aber nicht anzunehmen ist, daß nur Hirschkühe die Beeren fressen und nicht auch männliche Hirsche, muß man nach einer anderen Deutung suchen. Die Bezeichnung hind (Hinde) hat sich aus der Silbe kem (im Griechischen kemas = Hirschkuh) entwickelt. «kem» bedeutet aber andererseits auch gewölbt, umschließend. So kann man vermuten, daß auch «hind» in dieser zweifachen Bedeutung verwendet worden ist. Himbeere könnte dann also auch «gewölbte Beere» heißen. Diese Erklärung paßt gut für die hütchenförmige, leicht abzunehmende Frucht, die sich vor dem Pflücken um den weißen, kegelförmigen Fruchtboden schließt.

Die Himbeere hat mehrjährige unterirdische Sprosse, aber nur 2jährige oberirdische Triebe, die im ersten Jahr nur Blätter, im zweiten Blätter und Blüten hervorbringen. Die 2jährigen Triebe sind verholzt und dicht mit feinen, stechenden Borsten besetzt. Nach dem Reifen der Früchte im Herbst des zweiten Jahres sterben die oberirdischen Triebe ab. Die Blätter sind 3–7zählig gefiedert und auf der Unterseite weißfilzig.

1jähriger Trieb (weiß). 2jähriger Trieb (schwarz punktiert).Toter Trieb(schwarz)

Die Blüten erscheinen im Juni, sind klein und haben 5 schmale, weiße Blütenblätter, viele Staubgefäße und viele Fruchtknoten mit je einem Griffel. Die Frucht ist eine Sammelfrucht, die aus kleinen Steinfrüchtchen besteht. Diese sitzen auf einem zapfenförmigen Blütenboden, von dem sie sich, wenn sie reif sind, gemeinsam lösen. Die Himbeere ist im allgemeinen rot, es gibt aber auch gelbe Formen. Sie ist eine sehr wichtige Beerenfrucht, von der es mehrere veredelte Sorten gibt, und wird seit dem Mittelalter angebaut.

Als wildwachsende Pflanze findet man die Himbeere in Wäldern und Gebüschen auf trockenem Boden. Wo Wälder abgeholzt werden, bildet sie auf stickstoffhaltigem Untergrund große, zusammenhängende Dickichte, die sich durch Wurzeltriebe und Samen immer weiter ausbreiten. Ein großer Teil der Samen wird durch Vögel verbreitet.

Die Himbeere kommt in ganz Europa, in großen Teilen Asiens und in Nordamerika wild vor.

76. Brombeere
Rúbus fruticósus

Die erste Silbe des Namens Brombeere scheint «dornige Pflanze» zu bedeuten; sie ist mit einigen alten Bezeichnungen verwandt, dem althochdeutschen brama, Dornenstrauch, und dem angelsächsischen bremel, bræmbel, das eine *Rúbus*-Art mit Dornen bezeichnet (vgl. das englische broom, Name für den stechenden Ginster). In Norwegen und Schweden wird auch der Name Bärenbeere benutzt. Der deutsche Pflanzennamenforscher R. Loewe meint, diese Bezeichnung weise ebenfalls auf die Stacheln hin. Von der Brombeere gibt es eine Menge schwer zu erkennende und nur vom Spezialisten sicher bestimmbare Arten.

Sie unterscheidet sich von der Himbeere (Nr. 75) durch ihre stark dornigen, bogig gekrümmten oder niederliegenden Stengel, die oft an der Spitze Wurzeln schlagen und von dort aus neue Pflanzen bilden. Die einjährigen, nicht blütentragenden Triebe haben meistens 5fingrige Blätter. In den Blattwinkeln kommen im zweiten Jahr kurze, blütentragende Seitentriebe mit 3fingrigen Blättern zum Vorschein. Die zweijährigen Triebe sterben nach dem Reifen der Früchte wie bei der Himbeere ab.

1jähriger Trieb (weiß). 2jähriger Trieb (schwarz punktiert). Toter Trieb (schwarz)

Die fingerförmigen Blätter haben linealische Nebenblätter. Die gesägten Blätter sind meist auf der

Nebenblatt

Unterseite weiß- oder graufilzig und können grün überwintern.
Die Blüten sind größer als bei der Himbeere und haben weiße oder hellrote Blütenblätter. Die Früchte sind ebenfalls Sammelfrüchte, die aus Steinfrüchtchen zusammengesetzt sind. Sie lösen sich bei der Reife nicht vom zapfenförmigen Blütenboden, sondern fallen zusammen mit diesem ab. Die Früchte sind schwarz, aromatisch und wohlschmeckend.
Die Brombeere ist in Europa weit verbreitet.

77. Kratzbeere
Rúbus cáesius

Der deutsche Name Kratzbeere bezieht sich auf die stark stacheligen Zweige. Die Pflanze wird im Volksmund wegen ihrer blauen Farbe auch Blaubeere genannt, eine Bezeichnung, die in vielen Gegenden für die Heidelbeere verwandt wird.
Die Kratzbeere steht der Brombeere (Nr. 76) nahe, hat aber einen niedrigeren Wuchs. Die Stengel sind rund, blau bereift und mit zahlreichen schwachen, borstenähnlichen Stacheln versehen.
Die Blätter sind immer 3teilig und die Blättchen oft gelappt.
Die weißen Blüten sitzen in lockeren Blütenständen. Die Frucht, die oft aus wenigen, aber recht großen Teilfrüchten besteht, ist stark blau bereift und schmeckt fade und wässrig.
Die Kratzbeere ist über ganz Europa bis nach Sibirien hin verbreitet.

78. Hunds-Rose
Rósa canína

Der Name Rose ist lateinischen Ursprungs. Seine Bedeutung ist unbekannt. Die erste Silbe des Namens Hunds-Rose hat eine herabsetzende Bedeutung. Sie soll anzeigen, daß diese Rose nicht so wertvoll ist wie eine gezüchtete. Eine lange Reihe von Namen für die Hunds-Rose und andere wilde Rosen weist auf ihr Auftreten als wildwachsende Pflanze und auf ihre Stacheln, im Volksmund Dornen genannt, hin: Feld-Rose, Hecken-Rose, Dornen-Rose, Acker-Rose.
Die Rosen sind Sträucher mit Stacheln, unterirdischen Ausläufern, 5zähligen Blüten und spiralig stehenden, unpaarig gefiederten Blättern mit meist 7 elliptischen, gesägten Teilblättchen.
Die Stacheln der Rosen werden meist als Dornen bezeichnet. Unter diesem Begriff versteht der Botaniker jedoch stechende Gebilde, die aus ganzen

Pflanzenorganen wie Zweigen oder Blättern hervorgegangen sind. Die Stacheln der Rose sind dagegen lediglich Auswüchse der Oberhaut der Zweige, der Epidermis. Dies erkennt man daran, daß sie sich leicht abbrechen lassen.

Die Früchte der Rosen, die Hagebutten, bestehen aus dem krugförmigen Blütenboden. Zur Zeit der Reife wird dieser fleischig und meistens rot. Im Innern befinden sich zahlreiche Nüßchen, die von feinen, zerbrechlichen Haaren umgeben sind («Juckpulver»).

Die Hunds-Rose ist oft schwer von verwandten Rosen zu unterscheiden. Sie ist ein 1–3 m hoher Strauch mit starken, bogig überhängenden Zweigen. Diese sind mit kräftigen, sichelförmigen Stacheln besetzt, mit deren Hilfe sich die Rose an Nachbarbäumen und -sträuchern emporranken kann.

Die Blätter bestehen aus 5–7 Fiederblättchen, die scharf gesägt und glatt oder schwach behaart sind. Die langgestielten Blüten sitzen zu mehreren zusammen, sind hellrosa bis weiß und haben gelappte, zurückgebogene und zeitig abfallende Kelchblätter.

Die Hagebutte ist oval bis eiförmig und reift spät. Wie alle Hagebutten ist auch die der Hunds-Rose reich an Vitamin C, und seit alter Zeit wurde sie sowohl in der Medizin als auch im Haushalt verwendet.

Die Hunds-Rose soll eine Stammdicke von 30 cm erreichen können. Das im Handel unter «Rosenholz» geführte Holz stammt jedoch nicht von Rosen, sondern von verschiedenen tropischen Bäumen, die nichts mit den Rosen zu tun haben.

Die Hunds-Rose ist unsere häufigste Rosen-Art und in Hecken und an Waldrändern weit verbreitet.

79. Bibernell-Rose
Rósa pimpinellifólia

Der Name Bibernell-Rose deutet wie der lateinische Artname auf die Ähnlichkeit der Blätter mit den Grundblättern der Bibernelle hin.

Die Bibernell-Rose ist eine unserer schönsten wildwachsenden Rosen. Sie kommt oft in kleinen, dichten Büschen vor, die sich mit Hilfe von unterirdischen Ausläufern vermehren. Sie ist ein etwa meterhoher Strauch, dessen stark verzweigte, dunkelbraune Triebe dicht mit Stacheln und feinen Borsten bedeckt sind. Die Blätter sind klein und bestehen aus 5-11 elliptischen, manchmal fast kreisrunden, mattgrünen und einfach gesägten Fiederblättchen. Die verhältnismäßig großen Blüten sind gelbweiß und haben einen angenehmen Duft. Die Hagebutte ist fast kugelförmig, in reifem Zustand schwarzrot und nicht über 1 cm dick. In Deutschland findet man die Bibernell-Rose besonders auf Kalk und Dünen im Rhein-Main-Gebiet, in Thüringen und an der Nordsee. Sie kommt ferner in Südeuropa und in Asien von Kleinasien und dem Kaukasus bis nach Sibirien und China vor.

80. Kartoffel-Rose
Rósa rugósa

Die Kartoffel-Rose ist leicht an ihren großen Blättern zu erkennen, die aus 7-9 dunkelgrünen, runzeligen Teilblättchen bestehen. Die Zweige sind behaart und mit spitzen Stacheln und Borsten dicht besetzt. Die Blüten sind groß, hell rotviolett oder rein weiß und bringen große, fleischige, flachkugelige Hagebutten hervor. Diese können in der Küche verwendet werden und enthalten wie andere Hagebutten viel Vitamin C.

Der Strauch wird 1–2 m hoch, ist stark verzweigt und vermehrt sich rasch durch unterirdische Ausläufer.

Das natürliche Verbreitungsgebiet der Kartoffel-Rose erstreckt sich vom südlichen Kamtschatka bis Korea, vom nördlichen China bis nach Japan.

Um die Mitte des vorigen Jahrhunderts wurde diese Rose nach Europa gebracht, und es stellte sich heraus, daß sie auf allen Böden gut gedeiht und sowohl auf kalkhaltigem Lehm als auch auf den magersten, sandigen und steinigen Strandflächen angepflanzt werden kann. Gleichzeitig verträgt sie Wind und Seenebel und wird deshalb an zahlreichen Stellen der Küste angepflanzt. Aber auch im Binnenland findet man sie häufig in Gärten hier und da verwildert.

81. Wein-Rose
Rósa rubiginósa

Die Wein-Rose ähnelt der Hunds-Rose (Nr. 78), hat aber einen steifen und aufrechten Wuchs. Die Zweige sind mit kräftigen, sichelförmigen Stacheln versehen, zwischen denen sich oft noch kleine, gerade oder gekrümmte oder auch borstenförmige Stacheln befinden.

Die Blätter haben 7–9 ovale oder fast kreisrunde, doppelt gesägte, am Grunde abgerundete Teilblättchen, deren Rand und Unterseite fast immer mit apfel- oder weinartig duftenden Drüsenhaaren dicht besetzt sind. Der Duft wird besonders deutlich, wenn man ein Blatt zwischen den Fingern zerreibt.

Die Blütenstiele sind kurz und sowohl mit Drüsen als auch mit steifen Haaren bedeckt. Die Blüten sind dunkelrosa, also dunkler als bei der Hunds-Rose, und die Hagebutten etwa 1 cm lang und oft mit Drüsenhaaren und Borsten besetzt.

Die Wein-Rose wächst in Hecken, an trockenen Böschungen und an Felshängen, besonders gern auf Kalk. Sie ist in Mittel- und Südeuropa zu Hause und heute über die ganze Erde verbreitet.

82. Schlehe oder Schwarzdorn
Prúnus spinósa

Der Name Schlehe ist unbekannten Ursprungs. Es wird darauf hingewiesen, daß das Wort dem russischen Namen sliva für die verwandte Pflaume (vgl. auch Sliwowitz) ähnelt. Es sei hier noch eine andere Deutungsmöglichkeit angeführt: Im Angelsächsischen heißt die Pflanze slagthorn und im Englischen u.a. slaathorn. Das erinnert an den Stamm «schlagen». Es könnte sein, daß früher die dornigen Zweige zum Schlagen, als Peitschen, benutzt worden sind. Es könnten sich also aus «Schlagdorn» Schlehe und sliva entwickelt haben. In Hecken, an Wegrändern und Waldsäumen bildet die Schlehe häufig dichte, während der Blüte einen sehr schönen Anblick bietende Bestände.

Die weißen, 5zähligen Blüten kommen meist vor dem Austrieb der Blätter im April-Mai zum Vorschein, oft in großer Menge. Sie sitzen entweder in Büscheln an Kurztrieben oder zu beiden Seiten einer Blatt-

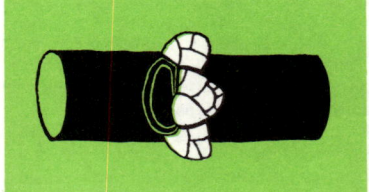

knospe an Langtrieben. Die Blütenstiele sind glatt.

Die aufrecht abstehenden, runden, blau bereiften Steinfrüchte erreichen einen Durchmesser bis zu 15 mm und enthalten viel Gerbstoff, der den stark zusammenziehenden Geschmack verursacht. Nach Frosteinwirkung geht der Gehalt an Gerbstoff zurück und die Früchte werden genießbar. Die Steinkerne sind rund bis ellipsoidisch und meist etwas flachgedrückt. Früher wurde aus Schlehen oft Schlehenwein gewonnen. Heute haben sie keinerlei wirtschaftliche Bedeutung mehr.

Aus den Wurzeln der Schlehe sprossen oft Triebe hervor. Ein einzelner Strauch kann daher mit der Zeit ein kleines Gebüsch bilden und sie ist in Feldhecken nicht gern gesehen, da sie sich leicht auf die angrenzenden Äcker ausbreitet.

Die undurchdringlichen und schützenden Schlehengebüsche sind Nist- und Aufenthaltsplätze für viele Vögel. Der Neuntöter spießt auf den Dornen seine Beutetiere auf.

In Deutschland kommt die Schlehe überall wild vor, besonders auf fruchtbarem Boden. Im übrigen ist sie über ganz Europa mit Ausnahme der nördlichsten Gebiete – in Rußland bis nach Moskau – und in Vorderasien verbreitet.

83. Hafer-Pflaume
Prúnus insitíta

Die Hafer-Pflaume ähnelt der Schlehe (Nr. 82), ist aber größer und kann zu kleinen Bäumen heranwachsen. Sie hat größere Blüten, die meist zu zweien oder mehreren in einer Blütenknospe enthalten sind. Die Blütenstiele sind behaart, die nickenden Früchte größer als bei der Schlehe, blauschwarz und wohlschmeckend. Die Steine sind länglicher, scharfkantig und gleichen einem kleinen Pflaumenstein. Die breit elliptischen und unterseits weich behaarten Blätter werden größer als Schlehenblätter. Die jungen Zweige sind mit verschieden langen Haaren bedeckt.

Der Hafer-Pflaume fehlen echte Zweigdornen, aber dafür wandeln sich die Kurztriebe oft in Dornen um (unechte Zweigdornen). Abkömmlinge der Hafer-Pflaume sind u.a. die Reineclaude, *Prúnus insitíta* var. *itálica*, mit großen blauen oder grünen Früchten und die Mirabelle, *Prúnus insitíta* var. *syríaca*, die kleine gelbe Früchte hat. Der Name Mirabelle deutet auf die hohe Qualität der Früchte hin (lat. mirabilis = bewundernswert). Im übrigen ist die Hafer-Pflaume eine der Stammformen für eine Reihe weiterer Kulturpflaumen.

Die Haus-Pflaume oder Zwetsche, *Prúnus doméstica*, ist nahe mit der Hafer-Pflaume verwandt. Sie unterscheidet sich von dieser durch die länglichen Früchte, durch kahle Zweige und durch die meist grünlichen Blüten.

Die Zwetsche ist wie die Hafer-Pflaume eine alte Kulturpflanze. Beide stammen aus dem Orient und sind vermutlich durch Kreuzung der Kirsch-Pflaume (Nr. 86) mit der Schlehe entstanden.

Die Zwetsche kommt in den wärmeren Gegenden gelegentlich verwildert in Hecken und an Waldrändern vor.

84. Vogel- oder Süß-Kirsche
Cérasus ávium

Das Wort Kirsche stammt vom lateinischen *Cérasus*, dessen Bedeutung unbekannt ist. Das Wort «Vogel» deutet an, daß die Früchte für Menschen fast wertlos sind. Die veredelte Form wird Süß-Kirsche genannt, von der man viele Sorten gezüchtet hat. Man unterscheidet zwei Gruppen: 1. die Knorpel-Kirschen mit festem Fruchtfleisch und schwarzer oder roter, selten gelber Farbe und 2. die Herz-Kirschen mit weichem, saftigem, schwarzem oder gelbem Fruchtfleisch.

In Wäldern wird die Vogel-Kirsche oft ein bis zu 20 m hoher Baum mit steifen, abstehenden und aufwärts gerichteten Zweigen. Bei jungen Bäumen ist die Verzweigung sehr regelmäßig: Um eine Hauptachse stehen die Seitenzweige in Wirteln. Im Alter ist dieser Aufbau meist nicht mehr so deutlich.

Die braune, bei jungen Bäumen glatte und glänzende Rinde ist, bevor sie im Alter charakteristisch borkig wird, leicht an ihren waagerechten, aus Korkporen bestehenden Streifen zu erkennen.

Die Blätter sind elliptisch, doppeltgesägt und an der Unterseite weich behaart. Am Blattstiel sitzen 2 rote, manchmal gelbe Drüsen.

Die schneeweißen, 5zähligen Blüten entfalten sich gleichzeitig mit den Blättern im Mai. Sie entspringen Knospen, die sowohl an Langtrieben als auch an Kurztrieben sitzen und nur Blüten, keine Blätter hervorbringen.

Die Vogel-Kirschen sind schwarzrote Steinfrüchte, die einen glatten und fast kugelrunden Stein haben. Sie sind klein, aber süß und wohlschmeckend, jedoch nicht so saftig wie die Kulturformen.

Häufig findet man scheinbar wilde Kirschen mit dunkelroten, hellroten, ja sogar hellgelben Früchten. Diese Bäume sind jedoch verwilderte, unveredelte Gartenflüchtlinge. Die wohlschmeckenden Früchte werden von Vögeln und dem Menschen gern verzehrt und dadurch weiter verbreitet.

Rinde, Blätter und Samen schmecken bitter, nach kurzem Kauen jedoch deutlich mandelartig. Das ist auf Blausäure zurückzuführen, die sich beim Kauen aus Bittermandelöl abspaltet. Blausäure ist bekanntlich stark giftig, und übertriebener Genuß der verwandten bitteren Mandel kann deshalb zu Vergiftungen führen. Das harte Holz hat einen schwach rötlichen Splint und einen rotgelben bis hell rotbraunen Kern, der mit zunehmendem Alter dunkler wird. Für feinere Tischlerarbeiten ist das Holz sehr wertvoll. Außerdem verwendet man es zu Dreher- und Bildschnitzerarbeiten und für Instrumente.

Die Vogel-Kirsche kommt in Deutschland im Tiefland als Mischholz häufig vor. Ihre Heimat ist Europa und Westasien.

85. Sauer-Kirsche oder Echte Weichsel
Cérasus vulgáris

Die Sauer-Kirsche hat eine ganz andere Kronenform als die Süßkirsche (Nr. 84). Die Zweige sind dünner und hängen schlaff über. Außerdem ist der Wuchs niedriger und die Verzweigung sehr unregelmäßig.

Die Blätter sind kleiner als bei der Vogel-Kirsche und auf beiden Seiten kahl. Die nicht so auffallenden Drüsen sitzen hier am Grund der Blattspreite und nicht am Blattstiel.

Die Sauer-Kirsche blüht erst nach dem Blattaustrieb; die Blütenknospen enthalten auch Laubblätter.

Die sauren Früchte sind dunkelrot und bei den veredelten Kulturformen ziemlich groß. Sie werden sehr viel zu Marmelade, Saft, Likör usw. verarbeitet.

Die Sauer-Kirsche vermehrt sich häufiger als die Vogel-Kirsche durch Wurzeltriebe und bildet auf diese Weise oft kleine Gebüsche. Die Sauer-Kirsche stammt aus Asien und kommt bei uns nicht wild, aber hier und da verwildert vor.

86. Kirsch-Pflaume
Prúnus cerasífera

Wie der Name schon andeutet, gehört diese Pflanze zu den Pflaumen, die Frucht ähnelt jedoch in Form und Größe den Kirschen. Eine alte Bezeichnung ist Myrobalan. Sie geht auf den ungültigen lateinischen Namen *Prúnus myrobálana* zurück. Unter Myrobalan verstand man ursprünglich verschiedene südliche Früchte, die für Salben verwendet wurden.

Das griechische Wort myron bedeutet wohlriechende Salbe und balanos bezeichnet eine Frucht. Die Kirsch-Pflaume wird auch fälschlich Mirabelle genannt. Die echte Mirabelle ist aber eine Gartenform der Hafer-Pflaume (vgl. unter Nr. 83). Als Blut-Pflaume wird eine häufig angepflanzte Abart der Kirsch-Pflaume mit schwarz-roten Blättern bezeichnet.

Die Kirsch-Pflaume kann als ein kleiner Baum oder großer Strauch bis 8 m hoch werden. Im Gegensatz zur Schlehe (Nr. 82) hat sie ganz kahle Zweige, und die jungen Triebe sind an der Schattenseite oft grün wie Grünspan. Die Blätter sind eiförmig und verhältnismäßig schmal. Die Blütenknospen der Langtriebe sitzen seitlich von Blattknospen und enthalten selten mehr als eine Blüte. Die Blüten sind rein weiß, etwas größer als die der Schlehe und entfalten sich vor den Blättern im April-Mai. Die runden, gelben oder roten, hängenden und großen Steinfrüchte sind wohlschmeckend und werden oft in großen Mengen erzeugt.

Auch die Kirsch-Pflaume hat Zweigdornen, aber nicht so viele wie die Schlehe.

Aus der Kreuzung der Kirsch-Pflaume mit der Schlehe sind vermutlich die Hafer-Pflaume (Nr. 83) und die Zwetsche (unter Nr. 83) hervorgegangen.

In wärmeren Lagen ist die Kirsch-Pflaume als Heckenpflanze geeignet, weil sie nicht sehr hoch wird und keine Wurzeltriebe bildet.

87. Gewöhnliche Traubenkirsche
Pádus ávium

Die Traubenkirsche wird bei uns meist baumförmig, doch selten höher als 10-15 m. Sie hat rotbraune Zweige, die durch Korkporen deutlich hellbraun quergestreift sind. Die Winterknospen sind schlank und spitz, die 6-12 cm langen, ovalen Blätter mattgrün, etwas gerunzelt und fein gesägt. Am oberen Blattstielende sitzen in der Regel 2 Drüsen. Die auf der Blattunterseite stark hervortretenden Seitennerven sind kurz vor dem Blattrand durch bogenförmige Nerven miteinander verbunden. Dieser auffallende Verlauf der Nerven ist auch bei anderen Holzpflanzen zu finden, u.a. bei der Vogel- und der Sauer-Kirsche (Nr. 84, 85), dort jedoch weniger deutlich. Die Traubenkirsche blüht im Mai. Die weißen, süßlich duftenden Blüten sitzen in langen, hängenden Trauben. Sie werden von verschiedenen Insekten bestäubt, besonders von Bienen und Fliegen.

Die kleinen und schwarzen Steinfrüchte sind zwar eßbar, schmecken aber wegen ihres Inhaltes an Gerbstoff sehr herb. Die Steinkerne sind hart, zugespitzt und mit deutlichen, unregelmäßig verlaufenden Leisten versehen.

Das Holz hat einen hellen Splint und einen dunkleren, gelbbraunen Kern. Es kann zu verschiedenen Holzarbeiten verwendet werden, hat aber keine besonderen Eigenschaften und keinen hohen Wert. Die jungen Stämme und Zweige sind zäh und wurden früher zu Faßreifen verarbeitet.

Die Traubenkirsche kommt in Deutschland überall in Auwäldern und auf feuchten Mullböden wild vor und kann durch Wurzeltriebe kleine Bestände bilden.

Ihr Verbreitungsgebiet umfaßt Europa bis Nordspanien und Italien, Kleinasien, den Kaukasus, das nördliche Asien, Nordchina, Korea und Kamtschatka.

88. Späte Traubenkirsche
Pádus serótina

Die Späte Traubenkirsche steht der vorhergehenden Art nahe, wird aber höher und wächst aufrecht. Sie unterscheidet sich ferner von dieser durch kleinere, glänzende, oberseits dunkel-

grüne, unterseits hellgrüne, fein gesägte Blätter, denen die bei der Gewöhnlichen Traubenkirsche (Nr. 87)
erwähnten bogenförmigen Verbin-
dungsnerven fehlen. Die weißen
Blüten sind kleiner, und die Trauben
stehen während der Blüte aufrecht.
Die beerenähnlichen Steinfrüchte sind
schwarzrot und reifen spät im Jahr.
Der Kelch bleibt erhalten und bildet
am Grunde der Früchte einen kleinen
Kragen. Die Steinkerne sind fast
glatt. Die Blätter und Blüten entfalten
sich später, die Früchte reifen später
und das Laub fällt später ab als bei der
anderen Art.
Die Späte Traubenkirsche ist im
östlichen Teil Nordamerikas zuhause, wo sie eine Höhe bis zu 30 m
erreichen kann. Nach Deutschland
wurde sie als Zierpflanze für Parks
und Gärten gebracht und wird heute
häufig als Hecke auf magerem Boden
und als Unterholz in Fichtenwäldern
angepflanzt, wo ihr leicht verwesendes
Laub den Boden verbessert.
Das harte Holz hat einen hellen,
gelbbraunen Splint und einen rotbraunen Kern, der an Mahagoni erinnern kann. Da sich das Holz beim
Trocknen weder wirft noch merkbar
zusammenzieht und keine Trocken-
risse bekommt, ist es in den USA, wo
große Mengen zur Verfügung stehen,
u.a. für die Herstellung von feineren
Möbeln hochgeschätzt.

89. Weichsel-Kirsche
oder Steinweichsel
Cérasus máhaleb

Die Steinweichsel ist in der Regel
buschförmig, kann aber unter günstigen Verhältnissen ein bis zu 10 m
hoher Baum werden. Sie ist stark verzweigt und hat abstehende Äste.
Die jüngsten Triebe sind hellgrau,
ein wenig drüsig-klebrig, fein graufilzig und werden später bräunlich.
Charakteristisch sind die hellgrauen,
fast weißen Korkporen, die den Zweigen ein geflecktes Aussehen geben.

Die Blätter sind glatt und kahl, 3–6 cm
lang, eiförmig-rundlich mit einer kurzen Spitze. Die wohlriechenden weißen Blüten sitzen zu 4–12 in einer

Traube. Die Früchte sind bei der
Reife schwarz und haben einen glatten Stein.
Rinde und Holz enthalten Kumarin,
einen angenehm riechenden Stoff, der
auch in einigen Grasarten und im
Waldmeister enthalten ist. Er verleiht dem frischen Heu den charakteristischen Duft. Kumarin kann zum
Parfümieren von Tabak verwendet
werden, und die Blätter der Steinweichsel sind in Notzeiten als Tabak-
ersatz geraucht worden. Der besondere Geschmack, den der Tabak in den
bekannten Weichselholzpfeifen bekommt, ist auch auf das Kumarin
zurückzuführen.
Die Heimat der Weichsel-Kirsche ist
Südeuropa und der Orient. In
Deutschland kommt sie nur im Ober-
rheintal und an der Donau – als
Ausstrahlungen aus dem Mittelmeergebiet – wild vor. Sie wird gelegentlich als Zierstrauch angepflanzt.

Schmetterlingsblütler
Papilionáceae

90. Robinie oder Falsche Akazie
Robínia pséudo-acácia

Der deutsche Name Robinie, wie der
lateinische *Robínia,* ist der Pflanze zu
Ehren des französischen Gärtners Ro-
bin gegeben worden, der um das Jahr
1600 den aus Amerika eingeführten
Baum in Europa anpflanzte. Der ge-

bräuchlichere Name ist fälschlich Akazie, weil die Pflanze einmal wie viele echte Akazien Dornen und zum anderen wie diese Hülsen und unpaarig-gefiederte Blätter besitzt.

Bereits aus der Ferne ist der bis zu 25 m hohe Baum an seiner charakteristischen Krone zu erkennen, die locker gebaut ist und aus unregelmäßig wachsenden Zweigen besteht.

Die Äste sind glatt und mit Nebenblattdornen bewehrt. Nebenblätter sind Blätter, die sich zu zweien am Grunde der Blattstiele bilden. Diese Nebenblätter können zu Dornen

umgewandelt sein. Die Dornen sind bei der Robinie an jungen Bäumen am kräftigsten, in der Baumkrone sind sie schwach oder fehlen ganz.

Die Knospen sind schwer zu finden, weil sie fast ganz am Zweig zwischen den Dornen versteckt sitzen. Die Borke älterer Bäume ist von unregelmäßig verlaufenden Furchen tief zerklüftet.

Die Blätter treiben spät aus. Sie sind unpaarig-gefiedert und bestehen aus 7–19 ovalen Teilblättchen, die auf der Oberseite frischgrün, auf der Unterseite blaugrün gefärbt sind.

Die auffallenden weißen Schmetterlingsblüten sitzen in 10–20 cm langen, hängenden Trauben. Sie riechen süßlich, enthalten viel Honig und werden deshalb fleißig von Bienen besucht.

Die Früchte sind 5–10 cm lange, glatte Hülsen, die bei der Reife dunkel graubraun werden. Sie bleiben bis lange in den Winter hinein an den Zweigen hängen und enthalten bis zu 10 kleine, sehr harte Samen.

Das Holz ist auffallend: Es hat einen sehr schmalen aus 2–3, seltener 4

Jahresringen bestehenden hellgelben Splint und einen harten, goldgelben bis gelbbraunen oder grüngelben Kern mit deutlichen Jahresringen und gemaserter Struktur. Es ist sehr hart und haltbar und eignet sich vortrefflich zu Pfählen, Grubenholz und ähnlichem. In kleinerem Umfang wird es zum Bau von Booten und Möbeln verwendet.

Die Robinie ist im östlichen Nordamerika, ursprünglich im Alleghany-Gebiet, zuhause, verwilderte aber allmählich in sämtlichen Staaten östlich des Mississippi mit Ausnahme von Florida. Nach Europa wurde die Robinie zu Anfang des 17. Jahrhunderts als eine der ersten amerikanischen Baumarten gebracht, und man setzte große Erwartungen in diesen Waldbaum. Sie erfüllten sich jedoch nur auf dem Balkan, besonders in Ungarn, wo es geglückt ist, große Teile der Pußta mit der Robinie zu bepflanzen, nachdem Versuche mit vielen anderen Baumarten fehlgeschlagen waren. Man hat auch bei uns versucht, die Robinie in Waldkulturen, besonders auf armen Böden, anzupflanzen, wo sie gut wächst. An ihren Wurzeln entwickeln sich Knollen, in denen Stickstoffbakterien leben, die den Luftstickstoff zu binden vermögen. In der Forstwirtschaft hat man sie fast aufgegeben, teils weil die jungen Bäume sehr leicht vom Wind geknickt und teils weil sie vom Wild stark verbissen werden. Die Robinie wird heute nur noch zum Aufforsten von Ödländern, besonders auf sandigen, nährstoffarmen Böden benutzt. An vielen Stellen hat sie sich gut eingebürgert. In Gärten und Parks ist sie ein beliebter und häufig angepflanzter Zierbaum.

91. Besenginster
Sarothámnus scopárius

Der Name Ginster ist vermutlich mit dem Wort gelb verwandt und deutet auf die gelben Blüten hin, die die

Pflanze oft über und über bedecken. In unserem Klima kann der Besenginster, wenn auch nur selten, eine Höhe bis zu 2 m erreichen. Seine grünen, rutenartigen und 5flügeligen Zweige sind nur spärlich mit entweder 3–5zähligen oder ungeteilten Blättern besetzt, die oft zeitig im

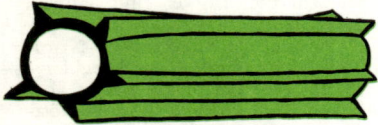

Jahr abfallen. Der Besenginster assimiliert dann mit den grünen 5 flügeligen Zweigen.

Die großen, leuchtend gelben Blüten kommen in großer Anzahl im Mai-Juni zum Vorschein. Jede Blüte enthält 5 kurze und 5 lange Staubgefäße und einen langen Fruchtknoten. Die Staubgefäße und der Fruchtknoten sind vom typischen Schiffchen der Schmetterlingsblüte eingehüllt. Die Blüten können nur von großen Insekten bestäubt werden. Die gespannten reifen Staubgefäße schleudern den Blütenstaub mit großer Kraft auf die Insekten.

Die Früchte sind lange, flache, behaarte und reif schwarze Hülsen. Sie öffnen sich bei trockenem Wetter mit einem Knall und schleudern die Samen weit fort. Die Samen sind mit einem kleinen, saftigen Anhang versehen, der von Ameisen gern gefressen wird. Dabei werden die Samen oft weit fortgetragen und verbreitet.

Wie bei vielen anderen Schmetterlingsblütlern keimt beim Besenginster nur ein Teil der Samen sofort. Bei einem anderen ist die Samenschale kurze oder längere Zeit hindurch wasserundurchlässig. Das kann 1–10 Jahre dauern. Dadurch erklärt es sich, daß der Besenginster auch hoch im Norden gedeiht, wo er hin und wieder vollkommen erfriert. Die «harten» Samen überdauern diese Zeit im Boden und verhindern so das Aussterben der Art.

Der Besenginster kommt im größten Teil Europas vor. Er ist sehr genügsam und wächst vorzugsweise in Heiden und an anderen sandigen Stellen. Er wird oft an Böschungen ausgesät, um Erdrutsche zu verhindern. Man baut ihn außerdem als Wildäsung an, besonders für Hasen.

92. Stechginster oder Gaspeldorn
Úlex européus

Diese Pflanze hat viele Namen und wird, wie so viele andere stark stechende Gewächse, auch Christi Dornenkrone genannt. Obwohl der Stechginster nicht streng an Küstengegenden gebunden ist, gedeiht er doch nur in Gebieten mit Meeresklima.

An diesem immergrünen Strauch sind die meisten Blätter und die Zweigspitzen in steife, stechende Dornen umgewandelt. Die nicht umgewandelten Blätter sind in der Mehrzahl 3zählig und kommen nur an sehr jungen Pflanzen und an kräftigen Trieben vor.

Der Strauch kann bis zu 2 m hoch werden, aber in unserem Klima leidet er stark unter dem Winterfrost und friert oft zurück.

Die Blüten sind leuchtend gelbe Schmetterlingsblüten mit bleibendem behaartem Kelch. Die Hülsen sind kurz, dunkel graublau und ebenfalls behaart. Die Blüte beginnt im April und erstreckt sich über 2–3 Monate; oft blüht der Strauch noch einmal im Herbst.

Der Stechginster kommt bei uns wild nur in Nordwestdeutschland vor, wird aber häufig, besonders auf sandigem Boden, als Schutz und Futter für das Wild gepflanzt.

Der Stechginster ist vermutlich nur auf der Iberischen Halbinsel, in England, Frankreich und Nordwestdeutschland ursprünglich wildwachsend zu finden. Er ist heute durch den

Menschen über die gemäßigten Zonen der ganzen Welt verbreitet.

Stechpalmengewächse
Aquifoliáceae

93. Stechpalme oder Hülsen
Ílex aquifólium

Die Stechpalme wurde früher in den südlichen katholischen Ländern anstelle von Palmzweigen am Palmsonntag zum Schmücken der Kirchen verwendet.

Die Stechpalme ist neben einigen seltenen Sträuchern der einzige wildwachsende immergrüne Laubbaum Deutschlands. Unter günstigen Verhältnissen kann er bis zu 15 m hoch werden, kommt aber meistens als strauchartiges Unterholz in Buchenwäldern vor.

Die Blätter sind wechselständig, hart und lederartig, glänzend dunkelgrün auf der Oberseite, matt hellgrün auf der Unterseite. Besonders die Blätter der unteren Triebe haben einen welligen, kräftig dornig-gezähnten Rand, während die Blätter der oberen Zweige oft ganzrandig, dornenlos und flach sind.

Die Stechpalme blüht im Juni. Die unansehnlichen, weißen Blüten sitzen in kleinen Blütenständen in den Blattwinkeln. Sie sind meist eingeschlechtlich und zweihäusig; es gibt deshalb sowohl männliche als auch weibliche Pflanzen.

Die Früchte sind 4samige Steinfrüchte von der Größe einer Erbse. Sie sind glänzend korallenrot und bleiben bis zum Februar am Baum hängen. Sie werden besonders von Drosseln gern gefressen.

Zur Weihnachtszeit ist die Stechpalme als Schmuckgrün hoch geschätzt, und Zweige mit Früchten sind besonders wertvoll.

Die Stechpalme verlangt milde Winter und verträgt keinen strengen Frost, weil ihre Blätter auch im Winter assimilieren müssen. In Deutschland kommt sie deshalb nur im Norden und Westen vor, da hier die Winter durch den Einfluß des Meeres und des Golfstromes hinreichend mild sind. Ihre östlichsten Vorkommen liegen auf der Insel Rügen. Von hier verläuft die Ostgrenze in einem Bogen zuerst nach Südwesten, dann nach Süden durch den Odenwald und den Schwarzwald bis zu den Alpen. Diese Grenze fällt fast genau mit der 0°-Januar-Isotherme zusammen, einer Linie, die alle Orte mit einer Januar-Durchschnittstemperatur von 0° verbindet. Das Verbreitungsgebiet der Stechpalme umfaßt ferner Irland, England, Westnorwegen, Dänemark, Westeuropa und das Mittelmeergebiet bis nach Kleinasien und zum Kaukasus.

Das Holz ist weiß, hart und schwer. Es wird zu Drechsler- und Einlegearbeiten verwendet. Die Stechpalme wird gelegentlich mit der Mahonie (unter Nr. 56) verwechselt.

Stechpalme

Buchsbaumgewächse *Buxáceae*

93a. Buchsbaum
Búxus sempervírens

Der Name Buchsbaum weist auf die Verwendung seines Holzes zu Waffenschäften (Büchsen) hin.

Er ist ein kleiner, immergrüner Strauch oder Baum, der bis zu 8 m hoch werden kann. Er ist leicht an

seinen kleinen, eirunden, lederartigen und ganzrandigen Blättern zu erkennen. Sie sind 1,5-3 cm lang und an der Spitze stumpf oder mit einer Kerbe versehen, oberseits dunkelgrün und unterseits heller. Die kantigen Zweige sind anfangs behaart und olivgrün, später werden sie kahl. Die unscheinbaren männlichen und weiblichen Blüten befinden sich auf ein und demselben Baum: der Buchs ist einhäusig. Er blüht im April-Mai.

Die Frucht ist eine 3klappige Kapsel, die 6 glänzend schwarze Samen enthält.

Das gelbe Holz ist fest und hart. Es wird zu Drechslerarbeiten, Schnitzereien und im Instrumentenbau verwendet.

Der Buchsbaum kommt im Mittelmeergebiet bis nach Kleinasien hin, in Deutschland nur an der Mosel und am Hochrhein wild vor. Viele Formen des sehr veränderlichen Strauches werden in Gärten angepflanzt, besonders häufig eine Zwergform als Hecke.

Spindelbaumgewächse
Celastráceae

94. Pfaffenhütchen
Euónymus európaéa

Meist ist das Pfaffenhütchen ein bis zu 3 m hoher Strauch. Die jungen Zweige sind dunkelgrün, drehrund oder 4kantig und mit 4 Längsstreifen versehen. Die älteren Zweige sind graubraun bis rotbraun und oft durch Korkleisten kantig.

Die Blätter sind gegenständig, elliptisch bis lanzettlich, fein gesägt und auf der Unterseite blaugrün. Im Herbst färben sie sich kräftig rot.

Die 4zähligen, grüngelben, kleinen und unscheinbaren Blüten öffnen sich im Mai-Juni. Sie enthalten Honig und werden von kleinen Insekten bestäubt. Die Frucht ist eine 4klappige, hell- bis scharlachrote Kapsel. Sie enthält 2-4 Samen, die von einem orangefarbenen Fleischmantel umgeben sind. Wenn sich die Kapsel öffnet, hängen die Samen an einem Faden aus der geöffneten Frucht heraus.

Wegen seiner auffallenden Früchte und der kräftigen Herbstfarbe des Laubes wird das Pfaffenhütchen gern als Zierstrauch angepflanzt.

Das helle, gelbliche Holz ist kernlos, feinporig und hart. Es wird zu feinen Drechslerarbeiten verwendet.

Die Rinde des Pfaffenhütchens enthält Guttapercha, einen Stoff, der dem Kautschuk nahesteht, sich aber im Gegensatz zu diesem warm formen läßt. Besonders die Wurzelrinde ist reich daran und enthält 15% dieses Stoffes. Diese Guttapercha ist von gleich hoher Qualität wie die verschiedener tropischer Bäume.

Das Pfaffenhütchen findet man auf frischen, nährstoff- und kalkreichen Böden, sowie auf Mullböden, an Waldrändern und in lebenden Hekken. Es ist in fast ganz Europa, Westsibirien, Kleinasien, dem Kaukasus und Turkestan zu Hause.

Ahorngewächse *Acerácerae*

| *Spitz-Ahorn* | *Berg-Ahorn* | *Feld-Ahorn* |

95. Spitz-Ahorn
Acer platanoídes

Der Name Ahorn stammt vermutlich von dem Adjektiv acernus, das nach dem lateinischen Namen *Ácer* gebildet worden ist. Er deutet sehr wahrscheinlich auf die spitzen Blattlappen hin (lat. acer = scharf).

Diese Pflanze wird häufig mit der Platane (Nr. 60a) verwechselt, der sie in der Blattform und der Rinde ähnelt. Die lateinischen Namen zweier Arten, *platanoídes* und *pseudo-plátanus* (beides bedeutet platanenähnlich) weisen auf diese Ähnlichkeit hin.

Der Spitz-Ahorn, der Berg-Ahorn (Nr. 96) und der Feld-Ahorn (Nr. 97) haben gegenständige, handförmig gelappte Blätter. Die Verzweigung ist monopodial (vgl. unter Nr. 42), das heißt, das Längenwachstum der Zweige geht stets von der Endknospe aus, sofern diese keine Blüte enthält. In einem solchen Fall wird das Längenwachstum von den äußersten Seitenknospen fortgesetzt, und es entsteht eine ausgesprochene Gabelverzwei-

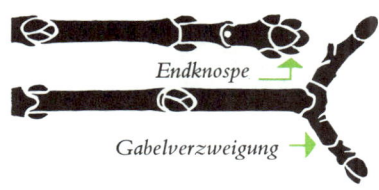

Endknospe

Gabelverzweigung

gung. Wenn man die Kronen alter Ahorne betrachtet, ist gerade diese Gabelverzweigung typisch.

Die Ahornblüten sind 5zählig. Sie haben gelbgrüne Kelch- und Blütenblätter. Einige der Blüten sind zwittrig mit normal entwickelten Staubgefäßen und Griffeln, einige sind weiblich und haben rudimentäre Staubgefäße und andere sind männlich mit zurückgebildeten Fruchtknoten. Diese 3 Blütentypen kann man auf einem Baum oder sogar in einem Blütenstand finden. Es gibt auch rein männliche und rein weibliche Bäume.

Die Früchte der Ahorn-Arten sind sogenannte Spaltfrüchte, das heißt, sie teilen sich bei der Reife in 2 Teil-

früchte, die jede aus einer Nuß mit einem großen Flügel bestehen. Diese Flügel dienen der Verbreitung des Samens durch den Wind.

Der Spitz-Ahorn wird selten mehr als 20 m hoch. Die jungen Zweige sind grünlich, werden später braun und zuletzt grau. Die Winterknospen sind rötlich gefärbt, glatt und enthalten Milchsaft, wie man leicht bei einer Verletzung feststellen kann. An jungen Bäumen ist die Stammrinde glatt, sie springt aber mit zunehmendem Alter der Länge nach in regelmäßigen Rissen auf.

Die Blätter sind etwa 15 cm breit, 5lappig mit breiten, meist rundbogigen Einschnitten. Die Lappen sind entfernt gezähnt und zugespitzt. Beide Blattseiten sind frisch-grün. Im Herbst ist das Laub des Spitz-Ahorns leuchtend gelb gefärbt.

Die gelbgrünen Blüten sitzen in aufrechten Blütenständen, und, da sie Ende April/Anfang Mai kurz vor dem Blatttrieb und sehr reichlich blühen, unterscheidet sich der blühende Spitz-Ahorn deutlich von allen anderen Bäumen unseres Waldes. Die Blüten enthalten Nektar, der von vielen Insekten geholt wird.

Die Flügel der Doppelfrucht stehen fast waagerecht ab; der Teil, der den Samen enthält, ist flachgedrückt. Nuß und Flügel einer Teilfrucht sind zusammen 3,5–5 cm lang.

Das Holz ist gelblichweiß bis leicht rötlich, hat keinen Kern und ist

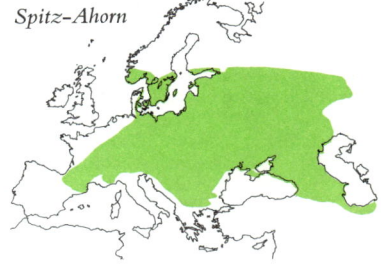

Spitz-Ahorn

ziemlich hart. Es wird zu Tischler-
und Drechslerarbeiten verwendet.
Der Spitz-Ahorn wächst in ganz
Deutschland wild. Man trifft ihn
aber nicht allzu häufig im Wald, da
er wegen seiner geringen Holzpro-
duktion nur selten angepflanzt wird.
Da die Samen sich leicht verbreiten,
findet man den Spitz-Ahorn nicht
selten im Unterholz.
Das Gesamtvorkommen umfaßt den
größten Teil Europas mit Ausnahme
von England und Holland und reicht
bis nach Armenien und zum Kaukasus.

96. Berg-Ahorn
Ácer pséudo-plátanus

Der Berg-Ahorn wird kräftiger und
höher als der Spitz-Ahorn (Nr. 95).
An den graubraunen Zweigen sitzen
große, bis zu 1 cm lange, grüne
Knospen, die keinen Milchsaft enthalten. Die Stammrinde ist bei älteren
Bäumen hell graubräunlich und löst
sich in großen unregelmäßigen Schuppen.
Die Blätter sind 8–16 cm breit, 5-
lappig mit schmalen und am Grunde
spitzen Einschnitten. Die Lappen sind
grob gesägt. Auf der Oberseite sind
die Blätter dunkelgrün, auf der Unterseite blaß blaugrau – bei einer
Abart, die im Wald ziemlich verbreitet ist, mehr oder weniger rötlich.
Die Blüten öffnen sich Mitte bis Ende
Mai, kurz nach dem Ausschlagen der
Blätter und sitzen in langen, grünen,
hängenden Trauben.
Die Flügel der Doppelfrucht stehen
in einem rechten oder spitzen Winkel
voneinander ab. Die samentragenden
Teile sind stark gewölbt.
Das Holz ist weiß bis gelblich und
hat einen seidenartigen Glanz. Es
wird u.a. zu Möbeln, Parkettstäben,
Tischler- und Drechslerarbeiten aller
Art gebraucht. Außerdem wird es
zu Violinböden und Fagotten verarbeitet. Es ist auch ein ausgezeichnetes Brennholz.

In Deutschland kommt der Berg-
Ahorn nur in Mittel- und Süddeutschland, vor allem im Gebirge,
wild vor. In Norddeutschland wurde
er erst vom Menschen angepflanzt.
Wegen seiner großen Samenproduk-
tion und weil er sich sehr leicht verbreitet, kommt der Berg-Ahorn
jetzt überall, besonders auf Mullböden vor und tritt oft in großen
Gruppen auf.
Das natürliche Verbreitungsgebiet
des Berg-Ahorns ist nur ungenau bekannt, weil er seit langer Zeit außerhalb seiner ursprünglichen Heimat
angepflanzt worden ist. Man vermutet,
daß er in großen Teilen Mittel-
europas, besonders in den Pyrenäen,
den Alpen und Karpaten zu Hause ist.

Berg-Ahorn

97. Feld-Ahorn oder Maßholder
Ácer campéstre

Im Gegensatz zum Spitz- und Berg-
Ahorn (Nr. 95, 96) ist der Feld-Ahorn
meist ein großer Strauch. Als Baum
wird er selten höher als 15 m.
Die jungen Zweige sind zuerst grün,
werden aber schnell hell rotbraun
und bekommen hellbraune Längsstreifen. Sehr oft bilden sich an den
jungen Zweigen auch dicke Korkleisten. Die Stammrinde ist hell, netz-
artig aufgerissen und korkig.
Die Knospen, auch die Endknospen,
sind klein, und im Gegensatz zu den
vorhergehenden Ahorn-Arten sind
die Knospenschuppen am Rande
filzig. Sowohl die Knospen als die
Blattstiele enthalten Milchsaft.

Die Blätter sind kleiner als bei den vorhergehenden Arten. Sie sind nur 5-10 cm breit, 3-5lappig, stumpfeckig, mit oft ganzrandigen Lappen. An der Blattunterseite sind die Nerven weich behaart.

Die grünlichen Blüten sitzen zu wenigen in aufrechten Doldenrispen. Sie kommen kurz nach den Blättern zum Vorschein (meist Ende Mai). Die geflügelten Früchte sind 2,5-3 cm lang und stehen einander gegenüber. Der samentragende Teil ist flach und knotig. Im Herbst färben sich die Blätter leuchtend gelb.

Das Holz ist etwas rötlich und wird wie das der anderen Ahorn-Arten verwendet.

Der Feld-Ahorn wird im Wald nicht angepflanzt, oft dagegen in Parks und Gärten als freistehender Zierbaum oder als Hecke.

In Deutschland kommt er fast überall, besonders in Eichen-, Hainbuchen- und in Auwäldern wild vor. Im übrigen ist er über den größten Teil Europas bis nach Südwestrußland, Algerien und Kleinasien verbreitet.

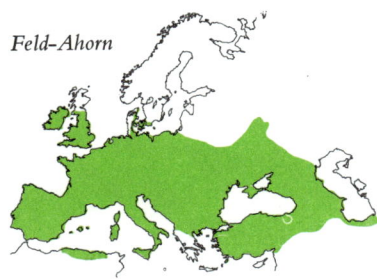

Feld-Ahorn

97a. Felsen- oder Französischer Ahorn
Ácer monspessulánum

Der erste deutsche Name bezieht sich auf den bevorzugten Standort des Baumes an Felsen, der zweite auf seine weite Verbreitung in Südfrankreich. Der Felsen-Ahorn ähnelt im Wuchs stark dem Feld-Ahorn (Nr. 97), ist aber von diesem leicht an den stets 3lappigen, ganzrandigen, beiderseits kahlen Blättern, an den nickenden Blütenständen und an der nicht mit Korkleisten versehenen Rinde zu unterscheiden. Er blüht Ende April.

In Deutschland kommt dieser Baum an den steilen, sonnigen Hängen des Mittelrheins, der Nahe, der Mosel und des Mains bis nach Würzburg vor. Das sind die nördlichsten Ausstrahlungen eines Verbreitungsgebietes, das die Länder um das Mittelmeer von Spanien bis zum Kaukasus umfaßt.

Roßkastaniengewächse
Hippocastanáceae

98. Roßkastanie
Aesculus hippocástanum

Der zweite Teil des deutschen Namens weist auf die Ähnlichkeit der Früchte mit denen der Eß-Kastanie (Nr. 49a) hin, während die erste Silbe andeuten soll, daß die Früchte für den Menschen ungenießbar sind, was also soviel wie «falsch» bedeutet. Der Name hat nichts damit zu tun, daß die Kastanie gelegentlich als Viehfutter verwendet wird. Eine andere Deutung führt auf die Tatsache zurück, daß die Früchte früher manchmal als Arznei gegen den Husten der Pferde angewandt wurden.

Die Roßkastanie ist ein großer, bis zu 25 m hoher Baum mit einer schön gewölbten Krone. Bei älteren Bäumen haben die Zweige eine auffallend geschwungene Form. Die Verzweigung ist monopodial, das heißt, die Endknospe setzt das Längenwachstum fort, soweit sie keine Blüten enthält (vgl. unter Nr. 42). In diesem Fall wird ihre Aufgabe von zwei Seitenknospen übernommen. Dadurch entsteht die typische Gabelverzweigung, die man von allen Bäumen mit gegenständigen Blättern kennt. Die jungen Zweige sind gelb- bis rotbraun und anfangs braunfilzig. Die Borke ist zuerst glatt, löst sich aber bei älteren Bäumen in dünnen Schuppen ab. Die Knospen, besonders die Endknospen, sind groß, braun und klebrig.

Die 5-7fingrigen Blätter haben bis zu 20 cm lange Stiele. Die Spreiten der jungen, frisch entfalteten, weißgelb filzigen Blätter hängen schlaff herab. Nach dem Blattfall hinterlassen die Blätter große Narben an den Zweigen. Der Blattaustrieb erfolgt Anfang Mai.

Die Roßkastanie blüht Ende Mai. Die Blüten sitzen in bis zu 30 cm langen, kegelförmigen Rispen, die den ganzen Baum bedecken können. Jede einzelne Blüte hat einen 5teiligen Kelch und eine unregelmäßig 4-5zählige Krone mit weißen Blütenblättern, die am Grunde einen anfangs gelben, später roten Fleck haben.

Die Frucht ist eine mehr oder weniger stachelige Kapsel mit 3 Fächern. Meist enthält sie jedoch nur eine große, braune und glänzend glatte Frucht mit einem großen, runden, grauen Fleck, der die Narbe der Anwachsstelle des Samens ist und Nabel genannt wird.

Die «Kastanien» (die nichts mit der Eß-Kastanie zu tun haben) werden zu verschiedenen Zwecken gebraucht. Da die Früchte bittere Gerbstoffe (Saponin u.a.) enthalten, wurden sie früher als Brechmittel verwendet sowie gemahlen als Fett und Öl lösendes Handwaschmittel.

Durch eine besondere Behandlung kann Roßkastanien-Mehl von den Bitterstoffen befreit und zum Backen verwendet werden. Ihre größte Bedeutung hatte die Roßkastanie ehemals als Viehfutter, besonders für Schweine und Schafe. Pferde und Kühe müssen sich langsam an dieses Futter gewöhnen, um nicht vergiftet zu werden.

In Tiergärten ist die Roßkastanie als Futterpflanze hoch geschätzt, da die Früchte ein ausgezeichnetes Winterfutter für Rotwild sind.

Das Holz ist nicht sehr wertvoll. Es ist weiß, hat keinen Kern, ist weich und leicht zu spalten. Es wurde früher zu Platten für Küchentische, Hutformen und Obstgestellen verarbeitet. Heute wird es als Brennholz benutzt und hin und wieder zu Kisten verarbeitet.

Die Roßkastanie hat keinen besonderen Wert für die Forstwirtschaft. In Wäldern wird sie hin und wieder wegen ihrer Früchte als Futter für das Rotwild angepflanzt. Häufig trifft man sie dagegen in Parks und Anlagen als Zierbaum. Für Gärten ist sie ungeeignet, weil sie zu groß wird und zu viel Schatten wirft. Die ursprüngliche Heimat der Roßkastanie ist der östliche Balkan. Im Jahre 1576 wurde sie nach Europa gebracht und ist schnell und weit verbreitet worden.

Roßkastanie

Kreuzdorngewächse
Rhamnáceae

99. Faulbaum
Rhámnus frángula

Der Faulbaum ist ein kleinerer Strauch, der nur in seltenen Fällen 5-6 m hoch wird. Die Zweige sind schlank, gerade und stehen fast waagerecht ab, die Verzweigung ist sehr licht. Beim Faulbaum kommen nur Langtriebe vor. Die Rinde ist dunkel graubraun und durch zahlreiche, lange helle Korkporen gefleckt. Die Knospen sind nackt, das heißt nicht von Knospenschuppen bedeckt und braunfilzig.

Die wechselständigen Blätter sind ganzrandig, glatt und haben 7-9 Paar Rippen. Die Zweige sind dornenlos.

Die Blüten, die ab Juni den ganzen Sommer hindurch blühen, sind 5-zählig, zweihäusig, grünlichweiß, klein und unscheinbar und sitzen in wenigblütigen Trugdolden in den Blattwinkeln.

Die Früchte sind 3samige Steinfrüchte, die zuerst grün, später rot und in reifem Zustand schwarz sind. Sie werden von Vögeln verbreitet.

Das Holz hat einen schmalen gelben Splint und einen rotgelben Kern. Es wurde früher zu Holzkohle für die Herstellung feinsten Schießpulvers verarbeitet.

Die Rinde wird getrocknet und kommt unter dem Namen Faulbaumrinde als mild abführende Arznei in den Handel. In frischem Zustand wirken Frucht und Rinde als Brechmittel.

Der Faulbaum ist auf saurem und magerem Boden in hellen Wäldern als Unterholz zu finden, außerdem in Weidengebüschen an Seen und Mooren.

Sein Verbreitungsgebiet umfaßt nahezu ganz Europa, den Kaukasus und Kleinasien.

100. Kreuzdorn
Rhámnus cathártica

Die Bezeichnung Kreuzdorn deutet auf den kreuzweisen Aufbau des Zweigsystems hin, der dadurch zustande kommt, daß Blätter und Triebe gegenständig sind. Der Name ist vermutlich in Anlehnung an die Leidensgeschichte Christi entstanden. Dazu haben besonders die Zweigdornen als Sinnbild für die Dornenkrone Anlaß gegeben.

Der Kreuzdorn ist in der Regel größer als der Faulbaum (Nr. 99), wird nicht selten baumförmig und bis 8 m hoch. Er bringt im Gegensatz zum Faulbaum sowohl Kurz- auch Langtriebe hervor. An den Langtrieben sterben oft die Triebspitzen ab und bleiben als Zweigdornen stehen. Die Rinde älterer Zweige und Stämme ist fast schwarz. Im Gegensatz zum Faulbaum hat der Kreuzdorn deutliche Knospenschuppen. Sie sind braunviolett und am Rande gefranst.

Die Blätter sind gegenständig, sitzen aber meist nicht genau einander gegenüber. Sie sind 4-7 cm lang, breit eiförmig und am Rande gesägt. Die 3, bisweilen 5 Paar Rippen verlaufen bogenförmig zu den nicht selten gebogenen Blattspitzen hin.

Der Kreuzdorn blüht im Mai-Juni. Die Blüten sind klein, unscheinbar aber wohlriechend, 4zählig und eingeschlechtig. Meistens hat ein Baum entweder nur männliche oder nur weibliche Blüten, der Kreuzdorn ist also zweihäusig.

Die Früchte sind Steinfrüchte. Sie sind erbsengroß, bei der Reife schwarz und enthalten normalerweise 4 Steine. Fruchtende weibliche Pflanzen können im Herbst nach dem Laubfall über und über mit Früchten bedeckt sein.

Das Holz hat einen hellgelben Splint und einen rotbraunen Kern. Es ist hart und fest und kräftig gemasert. Es kann von Tischlern und Drechslern zu kleineren Arbeiten verwendet werden.

Der Kreuzdorn ist weniger häufig als der Faulbaum. Er wächst vorzugsweise an Waldrändern und in Gebüschen auf nicht allzu nahrungsarmem und trockenem Boden.

Er ist der Zwischenwirt für den Kronen-Rost, einen Schmarotzerpilz, der vor allem Hafer befällt. Auf dem Kreuzdorn zeigt sich die Erkrankung auf den Blättern durch orangefarbene Flecken mit punktförmigen Vertiefungen.

Der Kreuzdorn kommt verstreut in Deutschland und ganz Europa vor.

Rebengewächse *Vitáceae*

100a. Weinrebe
Vítis vinífera

Die Weinrebe oder der Weinstock ist eine kletternde Pflanze. Die Blätter sind rund herzförmig, 7-15 cm breit und tief 3-5lappig. Die Lappen sind breit eiförmig und gesägt, die Buchten zwischen ihnen rund. Die Blätter sind kahl und unterseits filzig behaart. Die 4 m und länger werdenden Äste, auch Reben genannt, klettern mit Hilfe verzweigter Ranken. Diese stehen stets einem Blatt gegenüber. Da Seitenzweige immer aus Blattachseln entspringen, muß die Ranke dem Hauptsproß entsprechen und der zwischen ihr und dem gegenüberstehenden Blatt entspringende Zweig ein Seitenzweig sein, der den Hauptzweig fortsetzt. Wir haben also eine sympodiale Verzweigung vor uns (vgl. unter Nr. 42).

Die kleinen, zwittrigen Blüten stehen in aufrechten Rispen beisammen. Im Volksmund werden diese Blütenstände botanisch unrichtig als «Trauben» bezeichnet. Trauben besitzen jedoch stets unverzweigte Seitenäste. Die Blütenblätter sind an der Spitze zusammengewachsen und fallen schon beim Öffnen der Blüten ab, so daß die geöffneten Blüten nur Staubblätter und Stempel enthalten. Die Bestäubung erfolgt durch Insekten, zum Teil auch durch den Wind. Die Früchte sind blaue oder gelbgrüne, oft bereifte Beeren, die im Spätherbst reifen.

Die Heimat der Weinrebe ist das Mittelmeergebiet und der Vordere Orient. Der Weinbau ist nach Deutschland durch die Römer gebracht worden. Einige unserer Flußtäler sind als Weinbaugebiete berühmt geworden, da hier an den der Sonne ausgesetzten Südhängen in warmen Jahren – entscheidend ist eine Wärmeperiode im Herbst – ein Wein geerntet wird, der durchaus mit französischen und italienischen Erzeugnissen konkurrieren kann. Er besitzt durch einen etwas höheren Säuregehalt eine eigene Note, die verloren geht, wenn man unsere Reben in südliche Länder verpflanzt. Die angepflanzte Weinrebe ist aus der

Wildrebe, *Vítis silvéstris,* hervorgegangen, die auch in Deutschland am Rhein, am Neckar und an der Donau wild wächst. Leider ist sie, da sie die Forstwirtschaft behindert, fast ausgerottet worden. Im Unterschied zur Kulturrebe ist sie meist zweihäusig und hat kleinere, blaue, selten gelbe Beeren, die sauer und ungenießbar, mitunter aber auch süß und wohlschmeckend sein können.

Die deutschen angebauten Rebensorten stammen zum Teil von ausländischen – besonders italienischen, zum Teil von deutschen Wildreben ab. Es sind viele verschiedene Sorten gezüchtet worden, die sich hinsichtlich ihres Ertrages und ihrer Güte stark unterscheiden. In Deutschland werden vor allem folgende Rebensorten angebaut:

Der «Elbling» wurde vermutlich schon von den Römern zu uns gebracht. Er wird heute nur noch selten angepflanzt.

Der «Trollinger» (ursprünglich Tirolinger, da er über Tirol zu uns gelangt ist) wird noch heute in Italien viel angebaut, in Deutschland vor allem in Württemberg. Er besitzt große Beeren und bringt hohe Erträge.

Der «Gutedel», heute vor allen Dingen im Markgräfler Land (Oberbaden) gepflanzt, stammt aus Ägypten und ist wahrscheinlich durch die Römer nach Deutschland gekommen.

Der «Ruländer» wurde 1711 von dem Kaufmann Ruland in der Pfalz als Abweichung einer französischen Rebe entdeckt. Er trägt sehr reich und wird vor allem am Kaiserstuhl und in Baden angebaut.

Der «Silvaner» ist eine deutsche, vermutlich an der Donau entstandene Rebe, die heute vorwiegend in Württemberg und Franken gepflanzt wird. Sie liefert Spitzenweine.

Der «Riesling» ist aus einer wilden Rheinrebe entstanden. Er müßte eigentlich Rißling heißen, da der

Name auf den hohen Säuregehalt zurückzuführen ist. Er gehört zu den besten Weinsorten Deutschlands und erreicht seine hervorragendsten Qualitäten am Rhein, an der Mosel, der Saar und der Ruwer.

Der «Traminer» ist vermutlich ebenfalls eine deutsche Rebe und wurde früher vor allem in der Pfalz angepflanzt. Der Anbau dieser wertvollen Sorte ist stark zurückgegangen, da sie nur geringe Erträge liefert.

Den Gegensatz zwischen ertragreichen Weinsorten geringerer Qualität und weniger ertragreichen Spitzensorten hat man durch Kreuzungen zu beheben versucht. So ist der heute immer häufiger angebaute «Müller-Thurgau» aus einer Kreuzung von Silvaner und Riesling hervorgegangen.

Verwandt mit der Weinrebe ist der aus Nordamerika stammende Wilde Wein, *Parthenocíssus quinquefólia,* der jedoch nicht die Wildform des Weinstockes darstellt. «Wild» bedeutet hier nur soviel wie «nicht eßbar». Er unterscheidet sich von der echten Rebe durch die bis auf den Grund geteilten 5-7zählig gefingerten Blätter, die sich im Herbst leuchtend rot färben und durch die mit kleinen Haftscheiben versehenen Ranken, mit deren Hilfe die Pflanze sich auch an Mauerwerk festzuhalten vermag. Die blaue Frucht ist wertlos.

Lindengewächse *Tiliáceae*

101. Winter-Linde
Tília cordáta

Der Name Linde ist in Nordeuropa weit verbreitet, auf dänisch lautet er lind, auf holländisch linde, auf englisch linden (-tree) usw. Er ist wahrscheinlich mit dem schwedischen linda = Band, binden verwandt. Das würde auf den Bast hinweisen, der in früheren Zeiten von der Linde gewonnen und viel verwendet wurde. Der lateinische Name ist wahrscheinlich mit dem lateinischen tela (Gewebe) verwandt und daher von ähnlicher Bedeutung.

Im Winter ist die Linde leicht an dem scharf begrenzten Umriß der Krone zu erkennen. Im Sommer ist sie dicht belaubt und sehr schattenspendend. Sie wächst zu großen Bäumen bis zu einer Höhe von 30 m heran.

Die Verzweigung der Triebe ist wie bei vielen anderen Bäumen (Weide, Birke, Ulme usw.) sympodial, das heißt, daß sich die Jahrestriebe nicht aus den Endknospen der vorjährigen Zweige entwickeln, sondern aus den obersten Seitenknospen (vgl. unter Nr. 42).

Die Lindenknospen sind eiförmig und haben nur 2-3 äußere Knospenschuppen, von denen die oberste besonders groß ist. Die Knospen sind wie die Zweige an der dem Licht zugewandten Seite rötlich.

Die Blätter sind wechselständig und stehen zweireihig. Sie haben lange Stiele und sind mehr oder weniger schief herzförmig und gesägt. Auf der Unterseite sitzen in den Winkeln zwischen Haupt- und Seitennerven kleine dichte Haarbüschel, die bei der Winter-Linde rostrot gefärbt sind.

Die Keimpflanzen der Linde sind durch handförmig gelappte Keimblätter ausgezeichnet.

Die weißgelben, 5zähligen, zweigeschlechtlichen Blüten duften stark, sind honigreich und sitzen in langstieligen Blütenständen, die am Grunde mit einem flügelähnlichen Blatt versehen sind, das zur Verbreitung der Früchte durch den Wind dient. Die Früchte sind Nüsse mit 1 oder 2 Samen.

Die Winter-Linde ist die kleinste der drei Linden-Arten und hat im allgemeinen auch die kleinsten Blätter. Diese sind mit Ausnahme der Haare in den Nervenwinkeln meistens glatt, auf der Oberseite grün und auf der Unterseite deutlich blaugrün. Die jungen Triebe sind glatt oder schwach anliegend behaart. Die Borke des Stammes ist in der Jugend dünn, bräunlich und glatt, später wird sie längsfurchig und sehr dunkel. Die Blätter entfalten sich Ende April bis Anfang Mai, und die Blüten öffnen sich im Juni-Juli. Die Winter-Linde blüht von unseren heimischen Bäumen am spätesten. Sie ist außerdem einer der wenigen Waldbäume, die von Insekten bestäubt werden. Die Bestäubung der meisten anderen Bäume erfolgt durch den Wind. Die Früchte der Winter-Linde sind dünnschalig, rund und mit 5 sehr undeutlichen Leisten versehen.

In frischem Zustand ist das Holz weiß, wird aber beim Trocknen oft etwas rötlich. Es ist leicht und weich und wirft sich kaum. Kernholz fehlt. Es wird zu Bildschnitzereien, zu Drechslerarbeiten, billigen Musikinstrumenten und wurde früher, wegen seiner Festigkeit, zu Prothesen verwendet. Es ist außerdem das beste Holz zur Herstellung von Zeichenkohle.

Die Lindenrinde enthält viel Bast, der früher in großem Umfang zum Binden in Gärtnereien usw. benutzt wurde. Die getrockneten Blüten werden auch heute noch in vielen Gegenden als Lindentee verwendet, der schweißtreibend wirkt.

Lindenhonig ist für seinen aromatischen Geschmack bekannt. Der süßliche, klebrige Überzug – Honigtau genannt – den man im Sommer oft auf Lindenblättern sehen kann, hat nichts mit dem Lindenhonig zu tun. Es sind zuckerhaltige Absonderungen von Blattläusen, die oft in großen Mengen die Linde befallen. Verschiedene Insekten, darunter Bienen, sammeln diese Absonderungen. Dadurch kann die Qualität des Bienenhonigs verringert werden.

Die Winter-Linde ist in ganz Deutschland, besonders in Mittel- und Süddeutschland, wildwachsend zu finden. In Wäldern ist sie nicht allzu häufig, da sie im allgemeinen nicht angepflanzt wird und so auf natürliche Wälder beschränkt ist. Ab und zu sieht man sie in Parks, häufig auch als Alleebaum. Ihr übriges Ausbreitungsgebiet umfaßt große Teile Europas, besonders die östlichen Gebiete.

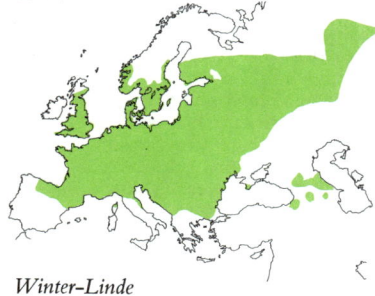

Winter-Linde

102. Sommer-Linde
Tília platyphýllos

Die Sommer-Linde treibt im Frühjahr zeitiger als die Winter-Linde (Nr. 101) aus (daher die beiden deutschen Artnamen).

Die Sommer-Linde wird meist größer als die Winter-Linde – bis zu 40 m hoch –, und auch die Jahrestriebe, Knospen und Blätter sind größer. Die Blätter haben auf beiden Seiten fast die gleiche Farbe und sind, auch wenn sie sich ganz entfaltet haben, leicht gewellt. Im Gegensatz zur

Winter-Linde sind Blätter, Jahrestriebe und Knospen deutlich weichhaarig. Die Haare in den Achseln der Blattnerven sind weiß.

Die Blätter und Blüten entfalten sich ein bis zwei Wochen früher als die der Winter-Linde. Die Blütenstände sind 3-4blütig. Die Früchte haben dicke Schalen und sind hart. Bei der Reife sind sie mit 5 deutlich vorspringenden Leisten versehen.

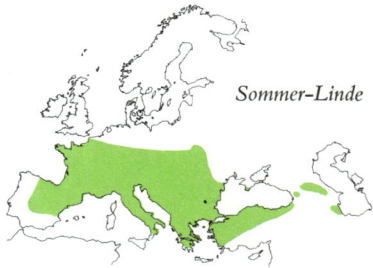

Sommer-Linde

Außer in Norddeutschland, wo sie vermutlich erst durch den Menschen eingeführt wurde, ist die Sommer-Linde in Deutschland weit verbreitet. In der nacheiszeitlichen Wärmezeit (vgl. S. 208) kam sie auch in Skandinavien vor, ist dort aber später wieder ausgestorben.

103. Bastard-Linde
Tília × europáea

Die dritte unserer Linden, die Bastard-Linde, scheint eine in der Natur entstandene Kreuzung zwischen der Winter- und der Sommer-Linde (Nr. 101, 102) zu sein. Sie gleicht der Winter-Linde, ist aber auf der Blattunterseite rein grün. Blätter und Triebe sind glatt. Die Blüten sitzen in 7-11blütigen Rispen; die Früchte sind dickschalig und haben undeutliche Rippen. Diese Linde ist – wie viele andere Kreuzungen – fast immer steril. Die Bastard-Linde ist schon seit alten Zeiten in Kultur und wohl die am meisten in Alleen und an Straßen gepflanzte Linde.

Tamariskengewächse
Tamaricáceae

104. Deutsche Tamariske
Myricária germánica

In der älteren deutschen Literatur wird die Tamariske wie viele andere auf feuchtem Boden wachsende, niedrige Sträucher als Porst bezeichnet. Heute wird dieser Name im allgemeinen nur für die Gattung *Lédum* (Nr. 108) verwendet. Der auf Mooren wachsende Gagelstrauch (Nr. 41) gehört ebenfalls zu diesen «Porst»-Sträuchern. Wegen dieses gemeinsamen deutschen Namens hat man vermutlich den lateinischen Namen der Tamariske *(Myricária)* von dem des Gagelstrauches *(Mýrica)* abgeleitet.

Die Tamariske ist ein sparriger Strauch, der höchstens 2 m hoch wird. Er hat gelbgrüne oder glänzend rotbraune Triebe und kleine graugrüne Blätter, die an zahlreichen, den Jahrestrieben entspringenden Kurztrieben sitzen. Die Kurztriebe sterben im Herbst ab.

Die kleinen, hellroten Blüten kommen teils an der Spitze der Jahrestriebe im Juli-August, teils an den wenigblättrigen Kurztrieben im Juni zum Vorschein. Auch die blütentragenden Kurztriebe fallen im Herbst ab.

Die Tamariske kommt wild in Deutschland nur auf den Schottern und dem Schwemmland einiger Alpenflüsse und des Oberrheins vor. Ihr Verbreitungsgebiet umfaßt Mittel- und Südeuropa.

Seidelbastgewächse
Thymelaeáceae

105. Seidelbast oder Kellerhals
Dáphne mezéreum

Der Name Kellerhals ist in der niederdeutschen Sprache des Mittelalters zu finden und hängt mit dem Wort «kellen» zusammen, das quälen oder Schmerzen verursachen bedeutet; es weist auf den im Mund und Hals beißenden Geschmack der Früchte und ihre Giftigkeit hin.

Der Seidelbast ist ein etwa 1 m hoher Strauch. Seine Zweige sind hell graubraun und die Rinde, besonders die der jungen Zweige, hat einen sehr starken Geruch.

Die wechselständigen Blätter sind ganzrandig, glatt und lanzettlich, etwa 8 cm lang und 2 cm breit. Auf der Oberseite sind sie frischgrün, auf der Unterseite blaugrün. Die 4zähligen, zweigeschlechtigen Blüten entspringen Blütenknospen, die meist zu zweien übereinander in den Blattachseln sitzen. Den Blüten fehlen Kronblätter, aber die Kelchblätter und der Blütenboden sind leuchtend rosenrot, seltener weiß gefärbt. Die Blütezeit ist sehr von der Witterung des Winters abhängig. In besonders milden Wintern kann sie ausnahmsweise im Dezember beginnen. Für gewöhnlich fällt sie in den Februar oder März und endet meist, wenn die Blätter im April ausschlagen. Die Blüten, die die Zweige des Strauches ganz bedecken können, duften stark, fast betäubend und werden durch Bienen bestäubt.

Die Früchte sind scharlachrote Beeren. Sie sind sehr auffallend und außerordentlich giftig. 10-12 Beeren sollen einen erwachsenen Menschen töten können. Sie haben einen so scharfen und brennenden Geschmack, daß sie wohl kaum versehentlich gegessen werden. Auch die übrigen Teile der Pflanze sind giftig. Es sind Fälle bekannt geworden, in denen Pferde und Ziegen nach dem Genuß der Blätter gestorben sind. In Finnland soll man die Beeren des Seidelbastes zum Töten von Wölfen benutzt haben, wobei man für einen Wolf 6 Beeren rechnete.

Aus der Rinde kann ein gelblicher und aus den Beeren ein roter Farbstoff gewonnen werden.

Der Seidelbast kommt zerstreut überall in Deutschland, besonders in den wärmeren Gebieten, vor und geht im Norden bis nach Norwegen. Sein natürliches Ausbreitungsgebiet umfaßt Europa, Sibirien, den Kaukasus und Kleinasien. Der Seidelbast bevorzugt feuchte, nährstoffreiche Mullböden und kommt oft in Hainbuchen- und in Buchenmischwäldern vor.

Ölweidengewächse *Elaeagnáceae*

106. Sanddorn
Hippóphaë rhamnoídes

Der Sanddorn ist ein bis zu 3 m, selten bis 6 m hoher Strauch, der stark verzweigt und reich mit Zweigdornen bewehrt ist.

Die Blätter sind schmal linealisch, an der Oberseite graugrün, an der Unterseite – wie auch die jungen Triebe – durch schildförmige Haare silberglänzend.

Die Blüten, die sich kurz vor oder zusammen mit dem Ausschlagen der Blätter im Mai-Juni öffnen, sind unscheinbar. Weibliche und männliche Blüten kommen auf getrennten Sträuchern vor, der Sanddorn ist also eine zweihäusige Pflanze. Im Winter kann man an älteren Sträuchern deutlich den Unterschied zwischen den zwei Geschlechtern sehen: Die Blütenknospen der männlichen Pflanzen sind groß, die der weiblichen dagegen viel kleiner.

Die dekorativen, steinfruchtähnlichen Früchte kommen oft in großen Mengen in unterschiedlichen Farbtönen von blaßgelb bis kräftig orange vor. Sie enthalten außerordentlich viel Vitamin C und können zu Marmelade und Saft verarbeitet werden. Vögel, besonders Hühnervögel, fressen sie gern. An vielen Stellen wird deshalb der Sanddorn als Futter für Fasanen angepflanzt und hat daher auch den Namen «Fasanenbeere» bekommen.

Besonders an Böschungen und Abhängen, an denen oft Erdrutsche vorkommen, bildet der Sanddorn im Frühjahr in großer Zahl Wurzeltriebe. Man hat beobachtet, daß eine Pflanze im Laufe von 5 Jahren 10–20 Tochtersträucher mit einem jeweiligen Abstand von 30–100 cm hervorbringen

Wurzeltriebe

kann. Überhaupt bildet der Sanddorn sehr leicht sproßbürtige Wurzeln, selbst an alten Zweigen.

Der Sanddorn vermag auch Sandverwehungen zu ertragen. Er wird deshalb gern zur Befestigung von Dünen verwendet.

An den Wurzeln befinden sich kleine Wurzelknollen, die mit den Bakterienknollen der Erle verglichen werden können (Nr. 45). Mit ihrer Hilfe kann der Sanddorn den Stickstoff der Luft ausnutzen, was besonders auf magerem Boden für die Pflanze von großer Bedeutung ist.

Der Sanddorn ist eine ausgesprochene Lichtpflanze. Selbst die Sämlinge vermögen nicht im Schatten der alten Pflanzen zu wachsen, und die unteren und inneren Zweige der Sträucher sterben früh aus Lichtmangel ab.

Sein Verlangen nach Licht prägt auch das geographische Vorkommen dieses Strauches. Nach der Eiszeit ist er vermutlich weiter verbreitet gewesen als heute. Später verdrängten ihn andere, von Süden einwandernde Gehölze wieder. Heute wächst der Sanddorn nur an Stellen, wo die Konkurrenz anderer Sträucher gering ist, besonders im Schotter von Flüssen und an Küsten.

In Deutschland kommt der Sanddorn nur an den Küsten, in den Alpen und an den Alpenflüssen im Alpenvorland wild vor. Das Hauptverbreitungsgebiet liegt in Zentral-, West- und Ostasien, reicht aber mit seinen Ausläufern bis nach Europa.

Efeugewächse *Hederáceae*

107. Efeu
Hédera hélix

Der Name Efeu ist vielleicht mit einem althochdeutschen Wort verwandt, das bitter bedeutet (bezogen auf den Geschmack der Beeren); im Englischen heißt er ivy.

Der Efeu ist eine kletternde Holzpflanze, eine Liane, die mit Hilfe von Kletterwurzeln, die der Unterseite der Zweige entspringen, an Bäumen oder Bergwänden und Mauern emporklettern kann. Am besten eignen sich dazu grobborkige Bäume wie Eichen, Ulmen und Eschen, weniger gut Bäume mit glatter Rinde, wie die Buche. Findet der Efeu jedoch keine Stützen, so breitet er sich auf dem Boden aus und bildet oft große, grüne Teppiche. Er blüht aber erst, wenn er sich an einem Baum oder an einer Bergwand emporranken und das Licht erreichen kann.

Die Blatt- und Blütentriebe sind voneinander sehr verschieden. An den auf der Erde kriechenden oder an Stämmen emporkletternden Blatttrieben sind die Blätter 2reihig angeordnet, sie sind fingernervig und handförmig gelappt. Die Nerven treten oft weißlich auf der glänzend dunkelgrünen Blattoberfläche hervor. An den Blütentrieben sind die Blätter

allseitig angeordnet, fiedernervig, eiförmig oder oval und ganzrandig. Die weißen Zeichnungen fehlen meist, und die Blätter sehen deshalb dunkler

aus. Die Blütentriebe sind nach allen Seiten hin verzweigt und bilden keine Kletterwurzeln. Die Stecklinge dieser Triebe wachsen zu kleinen Sträuchern heran, die keine Ranken bilden und die Blattform der Blütentriebe beibehalten. Solche Sträucher werden als *Arbórea*-Form des Efeus bezeichnet.

Der Efeu blüht im September-Oktober. Die Blüten sind klein, gelbgrün, 5zählig und sitzen in kugelförmigen, doldigen Blütenständen. Oft ist der blühende Teil der Pflanze über und über mit Blüten bedeckt. Der für Menschen unangenehme Geruch und die reiche Ausscheidung von Honig locken viele Insekten, besonders Fliegen und Hornissen an. Die Beerenfrüchte bleiben in unserem Klima den ganzen Winter über grün und reifen erst im Mai-Juni des folgenden Jahres. Reif sind sie blauschwarz. Die Samen keimen besser, wenn sie vom Fruchtfleisch befreit werden, da in ihm keimhemmende Stoffe enthalten sind. Der Efeu verlangt wie die Stechpalme (Nr. 93) milde Winter und eine relativ hohe Luftfeuchtigkeit. In strengen Wintern erfrieren die Blütentriebe sehr leicht.

Der Efeu kommt wild in West-, Mittel- und Südeuropa vor. Die Nordgrenze verläuft durch Schottland und in Norwegen bei Bergen. Außerdem ist er in Kleinasien, im nördlichen Persien, Kurdistan und im Libanon zu finden. Er fehlt im größten Teil Rußlands.

Heidekrautgewächse *Ericáceae*

108. Porst
Lédum palústre

Der Porst ist ein bis zu 1m hoher, immergrüner Strauch. Die schmalen, wechselständigen Blätter sind lederartig und haben einen zurückgerollten Rand. An der Blattunterseite sind sie von braunroten Filzhaaren bedeckt. Die weißen Blüten sitzen an den Spitzen der Triebe in doldenartigen Blütenständen und strömen einen sehr kräftigen, würzigen Duft aus, der an den des Gagelstrauchs (Nr. 41) erinnert. Beide Pflanzen wurden früher anstelle von Hopfen als Bierzusatz verwendet.

Der Porst ist in Mooren und Waldsümpfen zuhause und heißt deswegen auch Sumpfporst. Er kann hier große Bestände bilden. Er kommt in Nord- und besonders in Nordostdeutschland und Sachsen wild vor. Sein Verbreitungsgebiet erstreckt sich bis nach Rußland hinein und bis nach Skandinavien.

Hartriegelgewächse *Cornáceae*

109. Roter Hartriegel
Córnus sanguínea

Dieser Strauch, der bis zu 5 m hoch wird, hat lange und auf der Sonnenseite – besonders im Winter – rötliche Zweige. Die Knospen sind klein und ohne echte Knospenschuppen, sie sind aber von 1-2 Paar kleinen, behaarten Blättern umgeben.

Die Blätter stehen gegenständig; sie sind eiförmig, ganzrandig und haben wie beim Kreuzdorn (Nr. 100) 3-5 Paar bogig gekrümmte Seitennerven. Im Herbst färbt sich das Laub tiefrot.

Der Rote Hartriegel blüht im Juni-Juli, und die weißen, 4zähligen Blüten sitzen in einem auffallenden, doldenähnlichen Blütenstand. Sie haben einen etwas unangenehmen Geruch, der auf verschiedene Kleininsekten anziehend wirkt.

Die Früchte sind erbsengroße, schwarze Steinfrüchte, die von Vögeln gefressen und verbreitet werden.

Das Holz ist sehr hart und wird zu verschiedenen Drechslerarbeiten verwendet.

Der Rote Hartriegel wächst am liebsten auf nährstoffreichem, meist kalkhaltigem Boden und ist in Hecken, an Waldrändern und in Gebüschen anzutreffen. Er bildet mit Hilfe von Wurzeltrieben oft kleine Gebüsche. Der Strauch kommt in Deutschland besonders in Kalk- und Lehmgebieten vor. Sein Verbreitungsgebiet umfaßt den größten Teil Europas mit einer Ostgrenze von der Ostsee bis zum Kaspischen Meer. Die Nordgrenze verläuft durch Südnorwegen und Südschweden.

Im Sommer ist der Rote Hartriegel leicht mit der Kornelkirsche oder Herlitze, *Córnus mas*, zu verwechseln. Diese blüht jedoch im zeitigen Frühjahr vor dem Erscheinen der Blätter. Die kleinen gelben Blüten stehen in Döldchen beisammen. Der Strauch ist meist über und über mit Blüten bedeckt und deshalb ein beliebter Zierstrauch. Im Herbst reifen die kirschenähnlichen, roten Steinfrüchte. Sie schmecken säuerlich und können als Obst gegessen werden.

Aus den Zweigen fertigte man früher sogenannte Ziegenhainer Knotenstöcke. Das sehr feste Holz wird gern von Drechslern benutzt.

Die vor allem in Südosteuropa verbreitete Kornelkirsche kommt in Deutschland ziemlich selten wild vor, z.B. an der Nahe, der Mosel und in Thüringen.

Ölbaumgewächse *Oleáceae*

110. Esche
Fráxinus excélsior

Esche ist ein sehr alter nordwesteuropäischer Name unbekannten Ursprungs und ungewisser Bedeutung; man kennt ihn aus altnordischen und dänischen mittelalterlichen Schriften (askr).

Dieser Waldbaum kann unter günstigen Verhältnissen bis zu 40 m hoch werden und bekommt oft einen bis hoch hinauf astfreien Stamm mit einer verhältnismäßig offenen, gewölbten Krone.

Die jungen Zweige sind glatt, hell- bis olivgrau und zur Spitze hin flachgedrückt, die Knospen schwarz, kurzfilzig und gegenständig.

Die Rinde des Stammes bleibt lange Zeit glatt und hellgrau oder olivgrün. Je länger sich die glatte Rinde erhält, desto besser wächst und gedeiht die Esche. Später entwickelt sich eine typische, tief-rissige Borke.

Das Wurzelsystem der Esche besteht aus zahlreichen sehr kräftigen, flachliegenden Wurzeln. Jung sind sie an ihrer gelblichweißen Farbe zu erkennen.

Die gegenständigen Blätter sind unpaarig gefiedert und haben 9-15 sitzende, lanzettliche und gesägte Teilblätter. Ende Oktober fallen die Teilblätter oft zuerst ab, während der Stiel und die Hauptachse noch einige Zeit an den Zweigen bleiben. Die Blätter treiben spät aus. Meist steht die Esche im Frühjahr von allen unseren Bäumen am längsten kahl. Hin und wieder wird sie hierin von der Eiche übertroffen. Eine Bauernregel glaubt daraus auf die Witterung des folgenden Sommers schließen zu können: «Grünt die Esche vor der Eiche, bringt der Sommer Bleiche, grünt die Eiche vor der Esche, bringt der Sommer große Wäsche».

Die Blüten erscheinen vor dem Ausschlagen der Blätter. Sie sitzen in zusammengesetzten Blütenständen, die aus Seitenknospen der vorjährigen Kurztriebe kommen. Es gibt sowohl zweigeschlechtige als auch männliche und weibliche Blüten. Eine Esche kann also entweder männlich sein, es können aber auch auf einem Baum männliche und weibliche Blüten nebeneinander oder gar zwittrige Blüten auftreten.

In der Forstwirtschaft werden meist männliche Eschen angepflanzt. Sie erzeugen am meisten Holz und werden am größten, weil sie nicht wie die weiblichen Bäume nach jeder Blüte Nährstoffe für die Fruchtbildung benötigen. Die weiblichen bleiben daher klein und werden beim Durchholzen entfernt.

Die Früchte sind geflügte Nüsse, die lange am Baum bleiben und erst spät im Winter abfallen. Wenn sie nicht grün gesät werden, keimen sie erst nach etwa einem Jahr.

Zum Wachsen verlangt die Esche nährstoffreichen, am besten feuchten Boden, doch ohne stehendes Wasser. Wegen dieser Ansprüche kann sie selten auf größeren Flächen angebaut werden. Da die Krone verhältnismäßig locker ist und darum nicht sehr viel Schatten wirft – die Esche ist ein Lichtbaum – findet man unter ihr oft Unterholz aus verschiedenen Sträuchern und eine reiche Kraut- und Grasvegetation, deren größter Teil sogenannte Nitratpflanzen sind (Pflanzen, die stickstoffhaltigen Boden zu ihrem Gedeihen benötigen).

Der helle Splint des Eschenholzes ist sehr dünn und umfaßt nur wenige Jahresringe. Das Kernholz kann von gleicher Farbe sein, ist aber meist dunkler braun bis schwärzlich. Der Baum hat einen sogenannten falschen Kern, der unregelmäßig verläuft und nicht – wie bei den Bäumen mit wirklichem Kernholz, z.B. der Eiche – den Jahresringen folgt.

Das harte, elastische Holz ist eine der wertvollsten Holzsorten in unseren Wäldern. Es eignet sich besonders gut zur Herstellung von Axtschäften, Schaufelstielen, Griffen, landwirtschaftlichen Geräten usw. Außerdem wird es zu Deichseln, für Pferdewagen, zu Skiern und Rudern verarbeitet.

In früheren Zeiten spielte die Verwendung des Eschenlaubes als Winterfutter für Vieh in grasarmen Gebieten eine sehr wichtige Rolle. Die Esche bildete in vielen Gegenden die Grundlage für die Viehhaltung und wurde deshalb oft in der Nähe von Häusern angepflanzt. Heute ist diese Nutzungsweise stark zurückgegangen. Man sieht jedoch noch gelegentlich in der Nähe von Höfen alte

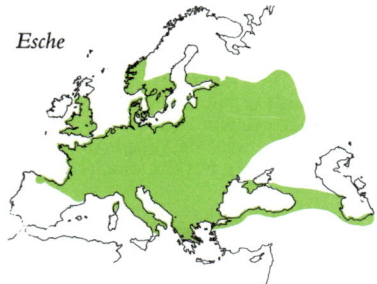

Esche

Eschen, die Spuren der früheren Beschneidung zeigen.

Infolge dieser Nutzung, die auch in Südeuropa üblich war, ist die Esche durch den Menschen weit verbreitet worden, und es ist schwierig, die Grenzen ihres ursprünglichen Vorkommens festzustellen. Im größten Teil Europas betrachtet man sie als wildwachsend, ebenso in den Kaukasus-Ländern. In Deutschland ist sie durch die Pollenanalyse aus der Nacheiszeit nachgewiesen.

111. Flieder
Syrínga vulgáris

Der Name Flieder wurde ursprünglich in manchen Gegenden Deutschlands für den Schwarzen Holunder (Nr. 115) gebraucht. Darauf weist noch heute die Bezeichnung Fliedertee für den aus Holunderblüten gewonnenen Tee hin. Nach Einführung der *Syrínga* wurde dann der Name auf diese Pflanze übertragen. Der lateinische Name kommt von dem griechischen syrinx (= Rohr oder Flöte). Als *Syrínga* bezeichnete man früher den Pfeifenstrauch oder Falschen Jasmin *(Philadélphus)*, weil sich aus seinen Zweigen leicht das Mark entfernen läßt und Pfeifen hergestellt werden können. Von diesem Strauch wurde der Name auf den Flieder übertragen. Der Flieder ist ein hoher Strauch oder ein kleiner Baum mit glatten, grauen Zweigen und einer rauhen Stammrinde, die sich in dünnen Schuppen ablöst. Die Knospen sind eiförmig, grün, sitzen auf kräftigen Trieben und sind oft über 0,5 cm lang. Die gegenständigen, ganzrandigen Blätter sind herz-eiförmig und verfärben sich beim Laubfall nicht. Die Blüten sind hellviolett oder weiß und kommen im Mai-Juni in reichblütigen, endständigen Rispen zum Vorschein. Die Frucht ist eine Kapsel mit schmal geflügelten Samen.

Der Flieder wird oft in Hecken und Hainen angepflanzt und kann sich

Samen mit Flügel

durch Wurzeltriebe vermehren. In Gärten werden häufig Kreuzungen verschiedener Arten gezogen.

Der Flieder wächst wahrscheinlich in Ungarn, Siebenbürgen, Serbien und Kleinasien wild, wurde aber bereits seit dem frühen Mittelalter bei uns als Zierstrauch angepflanzt und ist heute an vielen Stellen verwildert.

Das Holz des Flieders ist schwer und hart. Es hat einen Splint und einen hellbraunen Kern und wird zu feineren Einlegearbeiten verwendet.

112. Liguster oder Rainweide
Ligústrum vulgáre

Liguster ist die Verdeutschung des lateinischen Pflanzennamens, der schon bei vielen römischen Schriftstellern zu finden ist, sehr wahrscheinlich in Verbindung mit unserem Liguster. Der zweite deutsche Name deutet auf die lanzettlichen, an manche Weiden erinnernden Blätter hin und auf die Tatsache, daß er im Gegensatz zu den Weiden feuchte Standorte meidet und an Rainen zu finden ist.

Der häufig angepflanzte Strauch kann bis zu 3 m hoch werden. Er hat gegenständige, lanzettliche, ganzrandige Blätter, die an der Oberseite glänzend dunkelgrün, an der Unterseite hell-

grün sind. Im Herbst färben sie sich violett. Die jungen Zweige sind glatt und olivgrün, später werden sie grau. Die Blüten sind 4zählig, weiß und trichterförmig, sie duften stark süß-

lich und sitzen in dichten Rispen. Die Früchte sind schwarze Beeren. Die Fruchtstände werden als Schmuckzweige verwendet.

Der Liguster ist eine der verbreitetsten Heckenpflanzen, weil er starkes Beschneiden gut verträgt. Besonders häufig sieht man wintergrüne Sorten (var. *atrovírens*). Am natürlichen Standort bildet der Liguster mit Hilfe von unterirdischen Ausläufern und Ablegern oft ausgedehnte Gebüsche.

Der Liguster ist in lichten Wäldern Deutschlands oft anzutreffen. Seine Hauptverbreitung liegt in Südeuropa. Die Ostgrenze verläuft von Ostpreußen durch Polen nach der südlichen Ukraine.

Nachtschattengewächse
Solanáceae

113. Bocksdorn oder Teufelszwirn
Lýcium halimifólium

Der Bocksdorn ist ein bis zu 3 m hoher Strauch mit hellgrauen, langen und dünnen, gebogenen Zweigen, die unten mit wechselständigen Zweigdornen versehen sind. Die Blätter sind lanzettlich, graugrün und spiralig angeordnet. Die sehr kleinen Knospen sitzen oft zu mehreren über der Blattnarbe.

Die langgestielten, violetten Blüten stehen einzeln oder ausnahmsweise zu 2-3 in den Blattachseln. Der Strauch blüht von Anfang Mai an den ganzen Sommer hindurch. Die Früchte sind längliche, scharlachrote Beeren.

Da der Bocksdorn genügsam und sehr windfest ist und gleichzeitig Salzwasserspritzer verträgt, wird er sehr häufig als Heckenpflanze auf sandigem Boden in Meeresnähe angepflanzt.

Er kann sich außerordentlich schnell durch Wurzeltriebe ausbreiten und leicht durch Stecklinge vermehrt werden.

Der Bocksdorn ist in Deutschland an vielen Stellen eingebürgert. Seine Heimat ist Südeuropa, Nordafrika und Westasien.

Geißblattgewächse *Caprifoliáceae*

114. Trauben-Holunder
Sambúcus racemósa

Der Trauben-Holunder wird auch Roter Holunder genannt. Diese Bezeichnung deutet auf die rote Farbe der Steinfrüchte hin.

Der Rote Holunder ist ein kleiner Strauch, der nicht so hoch wird wie der Schwarze Holunder (Nr. 115). Er hat eine dunkelbraune Rinde und hellere, graubraune Zweige, die viel hellbraunes Mark enthalten.

Die Knospen sind geschlossen, eiförmig bis rund und sitzen an einem kurzen Stiel. Die Blätter sind gegenständig, unpaarig gefiedert mit 5-7 elliptischen, gesägten Blättchen.

Dieser Strauch blüht bereits im April-Mai. Die Blüten sind grünlich-gelb, riechen schwach nach Mehl und sitzen in einem rispigen Blütenstand. Die Früchte, die im Juli reifen, sind korallenrot. Sie werden von Vögeln gefressen und verbreitet.

Der Trauben-Holunder kommt in Süd- und Mitteldeutschland in der Ebene und im Gebirge bis 1800 m vor. Sein Verbreitungsgebiet reicht von Mittel- und Südeuropa bis nach Nordasien.

115. Schwarzer Holunder
Sambúcus nígra

In Süd- und Mitteldeutschland heißt der Strauch Holunder, Holder oder Holler. Man vermutet, daß dieser Name mit Frau Holle oder Holda in Verbindung steht, einer anderen Bezeichnung der germanischen Göttin Freia. In Norddeutschland heißt der Holunder Flieder (Fliedertee!). Dieser Name ist erst in junger Zeit auf die *Syrínga* (Nr. 111) übertragen worden.

In der Regel ist der Schwarze Holunder ein mehrstämmiger Strauch, der bis zu 5 m hoch wird und selten auch in Baumform vorkommt. Die Jahrestriebe sind grün und haben zahlreiche Korkporen. Später werden die Zweige grau, und zuletzt bekommen sie eine kräftig gefurchte, hellbraune bis graue, rissige Borke. Die jungen, kräftigen Triebe wirken fast krautartig und enthalten ein dickes, weißes Mark. Oft überleben die jungen Triebe den Winter nicht, sondern erfrieren.

Die Winterknospen haben 2-4 Knospenschuppen, die sich nicht fest um die Laubblätter schließen, so daß diese oft sichtbar werden. Da die Endknospen der Triebe oft zugrunde gehen, und da die Blütenstände am Ende der Jahrestriebe sitzen, ist Gabelverzweigung die Regel.

Die Blätter sind gegenständig, unpaarig gefiedert mit 5-7 elliptischen, gesägten Teilblättern. Sie schlagen sehr früh aus.

Der Schwarze Holunder blüht im Juni-Juli. Die Sträucher sind dann meist über und über mit Blüten bedeckt. Diese sind klein, gelbweiß, duften stark und sitzen in 5strahligen Trugdolden. Die Früchte, die «Holunderbeeren», sind 3samige Steinfrüchte. Bei der Reife sind sie schwarzviolett und enthalten einen schwarzroten Saft. Sie werden viel von Vögeln gefressen, die dadurch den Samen verbreiten.

Das Holz ist gelblich-weiß, ohne Kern, schwer, hart und fest.

Der Schwarze Holunder wächst besonders gut auf nährstoffreichem, stickstoffhaltigem Boden und ist verbreitet als Unterholz in lichten Wäldern und Gebüschen zu finden.

Er ist eine uralte Kulturpflanze, an die viel Aberglauben geknüpft ist – unter anderem soll er wohlgesonnene Hausgeister beherbergen –, und ist deshalb an vielen Stellen angepflanzt worden.

Aus den Blüten wird der sog. Fliedertee bereitet, der schweißtreibend wirkt und als linderndes Mittel gegen leichte Erkältungen angesehen wird. Die Blüten ergeben, mit Zuckerwasser übergossen und angegoren, ein erfrischendes Getränk und können auch in Omeletten mitgebacken werden.

Die grünen Teile der Pflanze – die junge Rinde, Blätter und unreifen Früchte – enthalten ein Glykosid, aus dem sich Blausäure abspaltet und sind darum giftig. Auch in den Samen ist dieses Gift enthalten, sie sollten deshalb nicht mitgegessen werden.

Man vermutet, daß der Schwarze Holunder im größten Teil Europas, im Kaukasus, in Kleinasien, Armenien und Westsibirien ursprünglich wild wuchs.

116. Gemeiner Schneeball
Vibúrnum ópulus

Dieser Strauch kann bis zu 5 m hoch werden. Die Jahrestriebe sind hellbraun, während die älteren Zweige und Stämme eine graugelbe Rinde besitzen. Die Knospen sind rotbraun, kurzgestielt und mit 2 Paar Knospenschuppen versehen, von denen das äußere Paar zusammengewachsen ist, so daß es als eine Schuppe erscheint. Gabelverzweigung kommt häufig vor, weil entweder die Endknospen absterben oder weil sich anstelle der Blätter Blütenstände entwickeln.

Die Blätter sind gegenständig, 3–5-lappig und gezähnt. Auf dem Blattstiel befinden sich deutliche, grünliche Drüsen. Im Herbst färben sich die Blätter schön gelb oder rot bis rotbraun.

Die Blüten, die im Juni zum Vorschein kommen, stehen in großen, flachen, doldenähnlichen Blütenständen beisammen. Die äußeren Blüten sind steril, haben große, radförmige Kronen und sind reinweiß. Sie dienen lediglich zur Anlockung der bestäubenden Insekten. Die inneren Blüten sind zwiegeschlechtlich, klein, gelbweiß, enthalten Honig und haben eine glockenförmige Krone. Die Früchte sind Steinfrüchte mit je einem Samen. Wie Blätter und Rinde sind auch sie giftig. Sie werden sogar von Vögeln gemieden und bleiben deshalb bis lange in den Winter hinein an den Sträuchern.

Eine Abart des Schneeballs mit ausschließlich großen, weißen, in kugelförmigen Blütenständen sitzenden Blüten wird sehr viel in Gärten angepflanzt.

Der Gemeine Schneeball verlangt feuchten, nährstoffreichen Boden und ist oft als Unterholz in Erlenbruchwäldern und in lebenden Hecken zu finden. Oft bilden die Wurzeln Triebe, und auch die niederliegenden Zweige schlagen leicht Wurzeln. Mit Ausnahme von Skandinavien ist der Gemeine Schneeball im größten Teil Europas und in West- und Nordasien wildwachsend zu finden.

116a. Wolliger Schneeball
Vibúrnum lantána

Der Wollige Schneeball ist sehr leicht von dem Gemeinen Schneeball (Nr. 116) zu unterscheiden. Er hat länglich-eiförmige, 6–12 cm lange, stumpfe, am Rande fein gesägte Blätter. Ihre Oberseite ist dunkelgrün und runzelig und die Blattunterseite wie die Stengel und die Blattstiele dicht mit grauen Sternhaaren bedeckt. Die kleinen Blüten sind alle gleich groß und stehen in etwa 10 cm breiten Trugdolden. Die Früchte werden bei der Reife erst leuchtend rot und später schwarz.

Der bis zu 5 m hohe, aufrechte Strauch kommt in Deutschland an sonnigen Hängen und in lichten Wäldern, meist auf kalkhaltigen Böden in Süd- und Mitteldeutschland, vor. Sein Hauptverbreitungsgebiet umfaßt Südeuropa und Kleinasien.

117. Schneebeere
Symphoricárpus rivuláris

Der Name Schneebeere erklärt sich selbst. Auch auf schwedisch, dänisch und englisch deuten ähnliche Bezeichnungen auf die schneeweiße Frucht hin. Von Kindern wird die Pflanze Knallerbsenstrauch genannt, da die Früchte beim Drauftreten mit einem leisen Knall platzen.

Die Schneebeere ist ein meterhoher Strauch mit dünnen, stark verzweigten Trieben. Die Blätter sind klein, eiförmig, meist ganzrandig, mitunter auch gelappt.

Die ersten der kleinen, hellroten Blüten öffnen sich im Mai und erscheinen den ganzen Sommer hindurch bis in den Oktober hinein. Die bis zu 1 cm großen Beeren sind weiß und enthalten viel Luft im Fruchtfleisch. Sie bleiben bis in den Winter hinein am Strauch hängen.

Die Schneebeere stammt aus Nordamerika und wird bei uns häufig in Gärten und Hecken angepflanzt, aus denen sie oft verwildert.

118. Deutsches oder Wald-Geißblatt
Lonícera periclýmenum

Geißblatt ist die Übersetzung des mittelalterlichen Namens Caprifolium (vgl. den Familiennamen Caprifoliáceae). Die Bedeutung dieses Ausdruckes ist umstritten. Daß Ziegen eine besondere Vorliebe für die Blätter dieser Pflanze haben, dürfte wohl kaum zutreffen. Sie bevorzugen sie nicht, wenn sie anderes Grün bekommen können. Nur die jungen Triebe werden von Ziegen im Frühjahr gefressen, wenn noch keine anderen Holzpflanzen Blätter getrieben haben, denn das Geißblatt schlägt sehr zeitig aus.

Das Deutsche Geißblatt ist eine Liane, die sich an Bäumen und Sträuchern emporschlingt. Die Stengel winden stets rechts herum und können so kräftig sein, daß die umschlungene Pflanze eingeschnürt wird.

Bei allen Geißblatt-Arten löst sich die Rinde in langen Streifen ab. Die Knospen sind lang und schlank und oft sogar im Winter nicht ganz geschlossen, so daß an der Spitze die grünen Blätter herausragen. Sie treiben häufig bereits im April aus. Die Zweige, mit Ausnahme der jüngsten, sind innen hohl.

Die gegenständigen Blätter sind elliptisch und meist ganzrandig. Auf der Oberseite sind sie dunkelgrün und auf der Unterseite blaugrün.

Die gestielten Blütenstände befinden sich an der Spitze der Triebe. Die Blüten sind unregelmäßig trichterförmig mit einer 2–3 cm langen, schmalen Kronröhre. Ihre Farbe ist sehr veränderlich. Außen sind die Blüten meist rötlich, innen hellgelb. Am Tage duften sie nur schwach, aber nachts verbreiten sie einen würzigen und sehr kräftigen Wohlgeruch. Da sich der Honig am Grund der langen

Kronröhre befindet, kann er nur von langrüsseligen Insekten erreicht werden. Unter diesen sind es vorzugsweise Nachtfalter (z.B. der Liguster-Schwärmer), die von dem starken Duft angelockt werden und die Blüten bestäuben. Das Geißblatt blüht im Juli-August. Nicht selten tritt zusätzlich eine spärliche Herbstblüte ein. Die Früchte sind dunkelrote Beeren mit wenigen Samen.

Das Geißblatt stellt keine besonderen Anforderungen an den Boden, sondern ist in hellen Wäldern und Gebüschen auf sehr unterschiedlichen Böden zu finden. Wild kommt es im größten Teil Europas, im Kaukasus und in Kleinasien vor. In Deutschland ist es am häufigsten in West- und Norddeutschland.

Sehr ähnlich dem Deutschen Geißblatt ist das Echte Geißblatt oder Jelängerjelieber, *Lonícera caprifólium*. Es unterscheidet sich von der vorhergehenden Art durch folgende Merkmale: Die obersten Blätter der blühenden Triebe sind paarweise miteinander zu einem ovalen oder kreisförmigen, vom Stengel durchwachsenen Blatt verwachsen. Die Blätter sind nur ganz jung ein wenig behaart und die Blütenköpfe ungestielt.

Das Jelängerjelieber kommt nur in Thüringen und Sachsen-Anhalt wild vor, ist aber, da es gern in Gärten gezogen wird, verwildert zu finden.

119. Blaue Heckenkirsche
Lonícera coerúlea
Dieser stark verzweigte Strauch erreicht eine Höhe von etwa 1,5 m. Die Zweige sind gelb bis rotbraun und haben eine sich frühzeitig lösende Rinde. Sie sind nicht hohl. Die Jahrestriebe sind oft blau bereift, die spitzen Knospen stehen fast waagerecht von den Zweigen ab und sitzen zu zweit oder zu viert direkt übereinander.

Jung sind die Blätter weichhaarig, oval und kurzstielig. Besonders an kräftigen Trieben können die Stiele zweier gegenüber stehender Blätter miteinander am Grunde verwachsen sein und den Zweig wie einen Kragen umgeben.

Die kleinen gelblichweißen Blüten sitzen zu zweien in den Blattwinkeln an einem recht kurzen, gemeinsamen Stiel und blühen im Mai.

Die Früchte sind kugelförmig und haben einen Durchmesser von über 1 cm. Sie sind schwarz und haben einen bläulichen Wachsbelag.

Die Blaue Heckenkirsche wächst am besten auf kalkarmem Boden. In Deutschland kommt sie nur in den Alpen und im Alpenvorland wild vor. Außerdem ist sie in Schweden, Norwegen und Finnland, in Schottland, den Pyrenäen, Karpaten, auf dem Balkan, im Kaukasus, in Nord- und Mittelrußland, Nordasien, Japan und Nordamerika verbreitet.

120. Rote Heckenkirsche
Lonícera xylósteum
Die Rote Heckenkirsche ist ein oft vom Grunde aus verzweigter, bis zu 3 m hoher Strauch. Die hohlen Zweige sind hellgrau und weichhaarig und haben spitze, vollkommen geschlossene Knospen. Niederliegende Zweige schlagen leicht Wurzeln. Die Blätter sind weichhaarig, oval bis elliptisch, ganzrandig und kurzgestielt.

Die Blüten sind klein, weißgelb und sitzen paarweise an einem etwa 1 cm langen Stiel. Sie blühen im Mai-Juni. Die paarweise sitzenden Beeren sind glänzend rot und können am Grunde zusammengewachsen sein.

Die Rote Heckenkirsche kommt als Unterholz in Wäldern auf gutem Boden vor. In Deutschland findet man sie fast überall, wenn auch nicht zu häufig. Ihr Verbreitungsgebiet umfaßt Mittel- und Südeuropa und reicht bis zum Kaukasus und nach Sibirien.

Das Holz

Der Bau des Holzes

Will man ein Holz näher untersuchen oder es bestimmen, so muß man unter dem Mikroskop Dünnschnitte betrachten, die in drei verschiedenen Richtungen geführt worden sind:
1. Der *Querschnitt* wird senkrecht zur Richtung der Holzfasern, also quer durch den Stamm gelegt.
2. Der *radiale Längsschnitt* wird in Richtung der Holzfasern und senkrecht zu den Jahresringen, also durch die Stammitte geführt.
3. Der *tangeniale Längsschnitt* wird parallel zu den Jahresringen und damit parallel zur Oberfläche des Stammes geführt.
Auf dem Querschnitt eines Baumstammes findet man ganz außen die Rinde, die aus 2 Bestandteilen besteht: dem *Bast* und der *Borke*.

Borke   Bast und   Spätholz   Frühholz   *a ringporig*
        Wachstumsschicht   *b zerstreutporig*

Zwischen der Rinde und dem Holz befindet sich eine sehr dünne Schicht lebender Zellen: die *Wachstumsschicht* oder das *Kambium*. Sie erzeugt nach außen die Rinde und nach innen das Holz. Da im Winter das Wachstum eingestellt wird, entsteht jedes Jahr ein neuer Holzring. Diese Ringe werden *Jahresringe* genannt. In der Mitte des Stammes befindet sich das Mark.
Die einzelnen Jahresringe sind nicht vollkommen gleichmäßig aufgebaut. Im Frühjahr, wenn der Baum Blätter und neue Triebe bildet, ist der Wasserbedarf groß. Deshalb wird zu dieser Zeit Holz mit weiten Poren gebildet, in dem viel

Wasser transportiert werden kann. Dieses Holz wird *Frühholz* genannt. Nach der Ausbildung der Blätter und neuen Triebe wird der Bedarf an wasserleitendem Gewebe geringer, und es bildet sich festeres Holz mit engeren Poren. Dieses Holz heißt *Spätholz.*

Das Spätholz ist meist dunkler als das Frühholz und, infolge seiner dichteren Struktur, härter und sehr haltbar. Wenn die zuerst gebildeten Poren in einem Jahresring wesentlich größer als die später gebildeten sind, wird das Holz *ringporig* genannt. Ringporiges Holz haben z.B. Eiche, Esche und Kirsche. Wenn dagegen die zuerst gebildeten Poren von ungefähr gleicher Größe wie die später gebildeten sind, wird das Holz *zerstreutporig* genannt. Zerstreutporiges Holz haben z.B. Buche, Birke und Walnuß.

Auch die Porenweite variiert stark von Art zu Art. Man teilt deshalb die Hölzer in *weitporige,* z.B. Eiche, Esche und Walnuß und *engporige,* z.B. Buche, Birke und Kirsche ein.

Die Dicke der Jahresringe ist von den Wachstumsbedingungen der Bäume abhängig und ebenfalls sehr veränderlich. Sie kann von weniger als 1 mm bis zu 2,5 cm schwanken.

Bei vielen Bäumen gehen mit zunehmendem Alter Veränderungen im Holz vor sich. Die älteren, also inneren Jahresringe stellen ihre Arbeit ein und sterben ab. Es bildet sich das sogenannte *Kernholz.* Meist ist es wasserärmer als der *Splint,* wie man die äußere, noch lebende Schicht nennt. Die Zellen werden von sogenannten *Thyllen* verstopft, das sind große, blasenförmigen Zellen, die in die Poren hineinwachsen. Nicht selten werden im Kernholz dunkelfärbende Stoffe abgelagert. Bei den Nadelbäumen sind es Harzstoffe, die eingelagert werden, bei den Laubbäumen Gerb- oder Gummistoffe. Solches Kernholz ist das wertvollere Holz, weil es «selbstimprägniert» und darum beständig und widerstandsfähig ist. Der Splint ist – technisch gesehen – viel weniger wertvoll und weniger haltbar als der Kern.

Einige wenige Bäume sind dadurch ausgezeichnet, daß sie kein Kernholz bilden. Das gilt z.B. für die Rot-Buche, den Ahorn und die Roßkastanie. Solche Bäume werden oft Splintbäume genannt. Von Bäumen mit ungefärbtem Kernholz kann die Fichte erwähnt werden, von Bäumen mit farbigem Kernholz Eiche, Ulme, Robinie, Föhre und Lärche. Die Bildung des Kernholzes schreitet ähnlich wie das Dickenwachstum von innen nach außen fort, indem jedes Jahr der jeweils innerste Jahresring des Splintes in Kernholz umgewandelt wird. Wenn das Holz nach dem Fällen des Baumes austrocknet, «schwindet» es. Der Schwund ist parallel zu den Jahresringen größer als senkrecht zu ihnen. Deshalb werfen sich Bretter wie es die Zeichnung zeigt. Sie krümmen sich nach der Splintseite hin und reißen infolgedessen auf der Kernseite ein. Sollen solche Bretter zusammengeleimt werden, z.B. zu einer Tür, so müssen die Splintseiten abwechselnd nach oben und unten zeigen.

Auf dem Stammquerschnitt kann man – oft schon mit bloßem Auge – feine Streifen sehen, die vom Mittelpunkt des Stammes nach außen verlaufen. Diese Streifen heißen *Markstrahlen* und bestehen aus Vorratszellen. Sie dienen sowohl zur Lagerung von Nährstoffen als auch zu ihrem Transport von der Rinde zum Holz und vom Holz zur Rinde.

Die Markstrahlen, die von der Rinde bis zum Mark durchgehen, werden *primäre Markstrahlen* genannt, während die, die nur ein Stück ins Holz hineinreichen, *sekundäre Markstrahlen* heißen.

Auf dem Tangentialschnitt erscheinen die Markstrahlen meist als mehr oder weniger lange senkrechte Zellreihen oder als flache Ellipsen. Auf einem radialen

Längsschnitt, der also parallel zu den Markstrahlen verläuft, sehen diese wie große oder kleine glänzende Flächen aus. Sie werden vom Schreiner als *Spiegel* bezeichnet. Ein radialer Schnitt wird deshalb auch *Spiegelschnitt* genannt. Die Höhe und Breite der Markstrahlen wechselt von Art zu Art und ist für die Bestimmung wichtig.

Breite Markstrahlen, wie sie bei der Eiche zu finden sind, geben einen kräftigen Spiegel, schmale hingegen, wie bei der Birke, einen schwachen Seidenglanz.

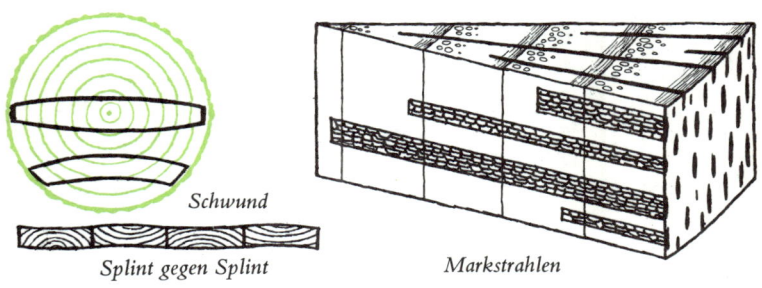

Schwund

Splint gegen Splint

Markstrahlen

Unregelmäßigkeiten und Fehler des Holzes

Da die Seitenäste beim Dickenwachstum des Stammes in diesen eingeschlossen werden, findet man Astreste auch im geschnittenen Holz. Sie setzen dessen Haltbarkeit herab und mindern seinen Wert. Man ist deshalb darauf bedacht, Bäume mit möglichst wenigen und dünnen Ästen zu ziehen. Da die Äste früh absterben, wenn sie beschattet werden, pflanzt man Bäume gern in dichten Beständen an. Die Stämme werden dann gerade und ergeben ein wertvolleres Holz. Die Stümpfe abgestorbener Äste werden vom Holz überwachsen. Sie kommen erst beim Zerschneiden des Stammes wieder zum Vorschein und sind besonders unerwünscht, da sie aus den Brettern herausfallen und Astlöcher hinterlassen. Für verschiedene Zwecke wird vollkommen astfreies Holz verlangt.

Geflasertes Holz besteht aus gebogenen Fasern. Es ist schwer zu hobeln und zu bearbeiten, ist jedoch oft sehr schön gezeichnet und wird für Möbelfurniere hoch geschätzt. Eine besondere Form von geflasertem Holz wird *Vogelaugenholz* genannt.

Spiralig gebautes Holz entsteht, wenn sich die Fasern in Schraubenlinien um die Achse des Baumes legen. Es ist bei verschiedenen Baumarten anzutreffen, besonders häufig bei der Roßkastanie. Die Bretter werfen sich dann leicht und sind nicht sehr fest.

Stern- oder *Kernklüfte* sind Risse, die vom Mark aus radial nach außen verlaufen, also in Richtung der Markstrahlen. Sie sind auf Spannungen im Holz zurückzuführen, die durch den unterschiedlichen Schwund von Splint und Kern beim Austrocknen entstehen.

Ringrisse sind Risse, die einem oder mehreren Jahresringen folgen. Sie entstehen oft bei Bäumen mit stark wechselnder Breite der Jahresringe.

Frostrisse sind lange, längsverlaufende Spalten im Stamm. Sie entstehen, wenn das äußere, wasserhaltige Holz bei starkem Frost gefriert und zerreißt. Mit der Zeit werden solche Risse von Jahresringen überwachsen, sind aber auch später noch zu sehen, da über ihnen eine Verdickung gebildet wird. Besonders bei den Ulmen und der Esche treten Frostrisse auf.

Äste, Querschnitt

Sternklüfte

Stamm
mit Mark

Stammlängsschnitt
mit Astlöchern

Eingewachsener Ast,
Längsschnitt

Ringrisse

Die Zellen des Holzes

Das Holz besteht aus Zellen, die in verschiedener Weise spezialisiert und zu Geweben vereinigt sind. Wir unterscheiden folgende Gruppen:

1. *Leitgewebe*. Es besteht aus langgestreckten, röhrenförmigen toten Zellen, in denen das durch die Wurzeln aufgenommene Wasser nach oben transportiert wird. Von diesen Röhren, die auch *Gefäße* genannt werden, gibt es zwei Sorten: die *Tracheen* und die *Tracheiden*. Die Tracheen bestehen aus mehreren übereinanderstehenden, langgestreckten Zellen. Nach abgeschlossenem Wachstum werden die Querwände durchbrochen, und es entsteht eine lange, verholzte Röhre. Bei der Esche und der Eiche zum Beispiel können die Tracheen 1-4 m lang werden. Sie stehen durch kleine Poren in den Seitenwänden, die Tüpfel, untereinander und mit anderen Zellen in Verbindung. Tracheen kommen nur bei Laubbäumen vor. Nadelbäume besitzen als wasserleitende Zellen ausschließlich Tracheiden. Diese unterscheiden sich von den Tracheen dadurch, daß ihre Querwände nicht aufgelöst werden. Jede Tracheide ist also eine einzige, langgestreckte Zelle. Da sie wesentlich kürzer als Tracheen sind und das Wasser nur durch die kleinen Tüpfel an die darüberliegende Zelle weitergegeben werden kann, dauert der Wassertransport bis zu den Blättern wesentlich länger.

2. *Stützgewebe*. Es besteht aus 1-2 mm langen *Holzfasern,* langgestreckten, dickwandigen und toten Zellen mit stützender Funktion. Sie sind an den Enden geschlossen und meist mit kleinen Poren versehen. Außer den Holzfasern tragen auch die Tracheen und Tracheiden zur Festigung des Holzes bei.

3. Das *Speichergewebe* besteht aus dünnwandigen, kleinen lebenden Zellen, die Parenchymzellen genannt werden. Sie treten teils in den Markstrahlen, teils im sogenannten *Holzparenchym* auf. Die Aufgabe dieser Zellen ist es, organische Nährstoffe zu leiten und sie als Reservenahrung zu speichern.

Die Ernährung des Holzes

Die Zellen des Holzes bestehen aus organischen Stoffen, die – wie bei allen grünen Pflanzen – durch einen Prozeß gebildet werden, der *Fotosynthese* genannt wird. Wie der Name schon andeutet, ist dazu Licht nötig. Die Fotosynthese ist die Grundlage für das Pflanzenwachstum und damit die Voraussetzung für das Leben der Tiere und des Menschen.

Die Fotosynthese findet in den grünen Blättern statt. Hier wird aus dem in der Luft enthaltenen *Kohlendioxid* und dem von der Wurzel aufgenommenen Wasser *Zucker* und *Stärke* gebildet. Zu dieser Umsetzung ist Energie nötig, die vom Sonnenlicht geliefert wird. In dem von den Wurzeln aufgenommenen Bodenwasser sind die übrigen für den Baum notwendigen anorganischen Nährstoffe enthalten. Sie werden mit dem Wasserstrom im Splint des Stammes nach oben zu den Blättern geführt und dort in organische Stoffe eingebaut. Diese werden in einem zweiten, in der innersten Lage der Rinde, dem Bast, nach unten führenden Wasserstrom in die übrigen Pflanzenteile geleitet. Diese entnehmen einen Teil der Stoffe zum Längen- und Breitenwachstum, während der Überschuß im Speichergewebe des Stammes abgelagert wird.

Die Pflanzen können das Sonnenlicht nur mit Hilfe des Blattgrüns *(Chlorophyll)* ausnutzen. Aus diesem Grunde erfolgt die Fotosynthese nur in grünen Pflanzenteilen, vor allem den Blättern. Das ebenfalls dazu benötigte Kohlendioxid gelangt durch winzige Öffnungen in der Blattepidermis, den *Spaltöffnungen,* in die Blätter. Gleichzeitig wird durch sie auch Wasserdampf ausgeschieden. Wird die Verdunstung zu stark und drohen die Blätter zu welken, so schließen sich die Spaltöffnungen. Dann kann aber die Pflanze kein Kohlendioxid aufnehmen. Daraus ist zu ersehen, daß die besten Bedingungen für eine große Stoffproduktion reichlich Licht und ausreichende Wasserzufuhr sind. Auch im Dunkeln sind die Spaltöffnungen geschlossen, da die Fotosynthese nicht ohne Licht vor sich gehen kann. Dadurch wird die Verdunstung auf ein Minimum gesenkt. Trotzdem kann sie beachtlich hoch sein. Man hat errechnet, daß eine Birke an einem sonnigen Tag 60-70, mitunter auch bis zu 400 l Wasser verdunstet.

Sonnen-licht

Kohlendioxid

aufsteigender Wasserstrom mit
anorganischen Stoffen
absteigender Wasserstrom mit
organischen Stoffen

Äußere Rinde
Innere Rinde
Wachstumsschicht
Splint
Kern
Mark

Die Entwicklung der Wälder seit

Jahr	Periode		Pflanzen-Gesellschaften	1	2	3	4	5
2000 n. Chr.	**BUCHENZEIT**		Kulturpflanzen-Gesellschaften					
0	Subatlantikum	IX	Buchenwälder Eichenwälder Felder, Weiden, Heiden					
400 v. Chr.	**EICHEN-MISCHWALD-BUCHENZEIT**		Eichenwälder					
	Subboreal	VIII	Felder, Wiesen					
2500	**EICHENMISCH-WALDZEIT**							
	Jüngeres Atlantikum	VII						
	Älteres Atlantikum	VI	Eichenmischwälder					
5500	**KIEFERNZEIT**							
	Boreal	V	Kiefern-Hasel-Wälder					
	Präboreal	IV	Birken-Kiefern-Wälder					
8000	**TUNDRENZEIT**							
9000	Jüngere Dryaszeit	III	Strauchige Tundra					
10000	Allerödzeit	II	Lichte Wälder					
	Ältere Dryaszeit	I	Baumlose Tundra					
15000	**EISZEIT**		Eisdecke					

der letzten Eiszeit

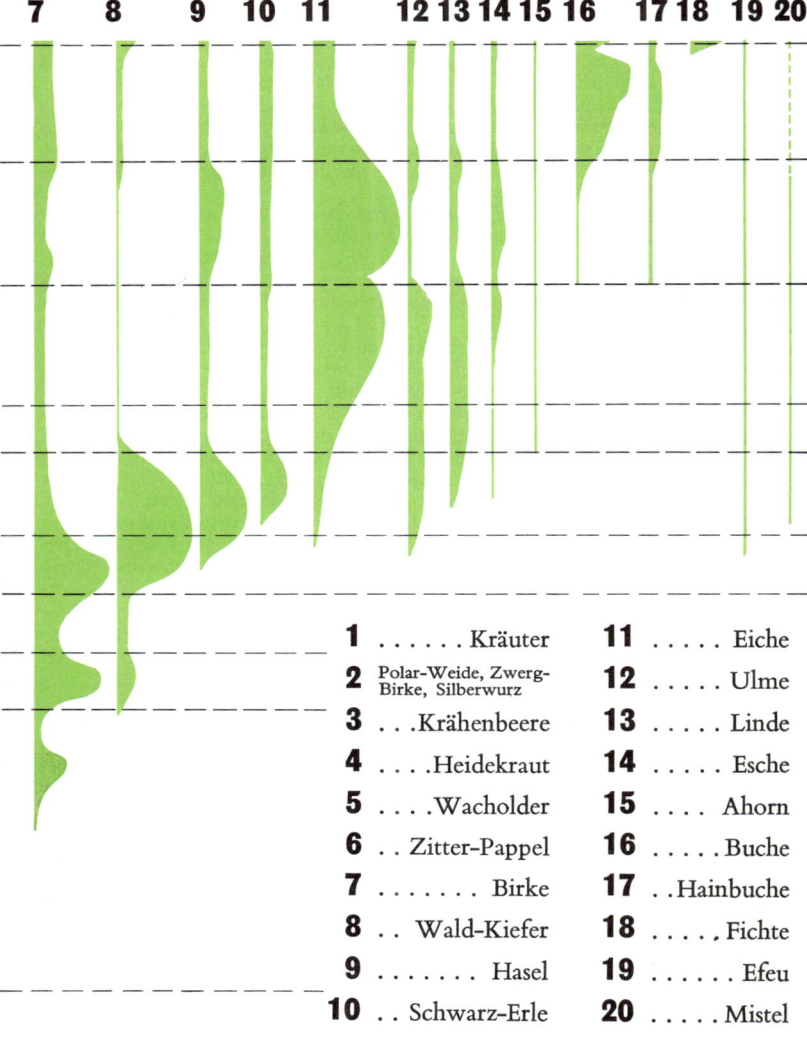

1 . . . . . Kräuter	**11** . . . . . Eiche
2 Polar-Weide, Zwerg-Birke, Silberwurz	**12** . . . . . Ulme
3 . . .Krähenbeere	**13** . . . . . Linde
4 . . . .Heidekraut	**14** . . . . . Esche
5 . . . .Wacholder	**15** . . . . . Ahorn
6 . . Zitter-Pappel	**16** . . . . .Buche
7 . . . . . . Birke	**17** . .Hainbuche
8 . . Wald-Kiefer	**18** . . . . .Fichte
9 . . . . . . Hasel	**19** . . . . . . Efeu
10 . . Schwarz-Erle	**20** . . . . .Mistel

Pollentypen · Porst · Linde · Wald-Kiefer · Esche · Sanddorn · Kartoffel-Rose · Efeu · Heidekraut

Unsere Wälder haben nicht immer so ausgesehen wie heute. Sie haben eine etwa 15000 jährige Entwicklung hinter sich – 15000 Jahre mit wechselndem Klima und steigendem Einfluß durch den Menschen.

Zur Erforschung dieser Entwicklung haben viele Einzelergebnisse verschiedener Wissenschaften beigetragen. Geologen, Botaniker, Zoologen, Archäologen, Historiker, Chemiker und Physiker haben Hand in Hand gearbeitet und uns das Wissen gebracht, das wir heute besitzen.

Die wichtigsten Zeugen für Wälder und den übrigen Pflanzenwuchs der Vergangenheit finden wir in unseren Mooren und Seen. Viele von ihnen sind uralt, und im Laufe der Zeit haben sich Stämme, Zweige, Blätter, Blüten und Früchte darin abgelagert. Die ältesten Schichten liegen zuunterst, die jüngsten ganz oben, wenn sie nicht durch das Graben nach Torf oder durch fließendes Wasser gestört worden sind.

Durch die Bestimmung solcher Reste können wir uns ein Bild davon machen, welche Pflanzen die Moore und Seen einer bestimmten Periode umgeben haben. Aber dieses Bild bleibt doch recht unvollständig, weil viele Pflanzenreste zu schlecht erhalten sind, als daß sie bestimmt werden könnten. Außerdem spiegeln sie nur die Pflanzenwelt der unmittelbaren Nähe des Untersuchungsortes wider. Nun ist man vor etwa 50 Jahren auf die Idee gekommen, den Blütenstaub oder Pollen der Moor- und Seeablagerungen zu untersuchen. Durch diese *Pollenanalyse* kennen wir heute die Entwicklung unserer Wälder sehr genau.

Der Pollen unserer meisten Waldbäume wird durch den Wind verbreitet und fällt als Staubregen auf die Erde nieder. Den Pollen der verschiedenen Pflanzen kann man unter dem Mikroskop gut unterscheiden. Er ist gleichzeitig außerordentlich widerstandsfähig gegen überall in der Natur stattfindende Zersetzungsvorgänge. Aus Mooren und Seen werden verschieden alte Proben genommen, und man zählt den in ihnen enthaltenen, für jede Baumart charakteristischen Pollen aus. Das Mengenverhältnis der verschiedenen Arten spiegelt mit großer Sicherheit die Waldzusammensetzung wider.

Wie heute das Inlandeis das Innere Grönlands bedeckt, so lag zur Eiszeit ganz Nordeuropa unter dicken Eismassen begraben. Viermal stießen die Gletscher bis nach Mitteldeutschland vor. Auch die Alpengletscher drangen weit ins Alpenvorland hinab. Die letzte Eiszeit endete ungefähr 15000 v. Chr., und damit beginnt die Vegetationsentwicklung, die wir mit Hilfe der hier beschriebenen Methoden bis in unsere Tage verfolgen können.

Das Schema auf den Seiten 208/209 zeigt die Entwicklung der Wälder von 15000 v. Chr. bis zur Gegenwart. Diese Tabelle ist ein *Pollendiagramm* und zeigt graphisch den prozentualen Anteil der Pollenarten unserer verschiedenen Waldbäume und der Kräuterflora insgesamt durch die ganze Nacheiszeit hindurch. Die Perioden I, II und III werden als *Tundrenzeit* zusammengefaßt. Diese Epoche zeichnete sich durch das Fehlen größerer Bäume aus. Die Vegetation ähnelte den Tundren im Norden Europas. Sie bestand aus Gräsern, Moosen und Flechten, Silberwurz und vereinzelten kleinen Bäumen und Sträuchern. Diese Periode erstreckte sich über ungefähr 7000 Jahre, von 15000–8000 v. Chr.

Periode I. Die *Ältere Dryaszeit* (15000–10000 v. Chr.). Das Klima war noch kühl, wie heute jenseits der polaren Baumgrenze. Große Flächen ohne Pflanzenwuchs, andere mit Gräsern, Moosen, Flechten, Silberwurz *(Dryas octopétala)*, vereinzelt mit Wacholder, mit Zwerg-Birke und Sanddorn bewachsen.

Periode II. *Alleröderzeit* (10000–9000 v. Chr.) (benannt nach einem Ort, wo in Seeablagerungen diese Periode zuerst beobachtet wurde). Das Klima dieser Zeit war sub-arktisch, kühl, aber etwas wärmer als zur Älteren Dryaszeit. Lichte Wälder von Zwerg-Birke, Zitter-Pappel und Wacholder herrschten vor. Die Wald-Kiefer tritt auf.

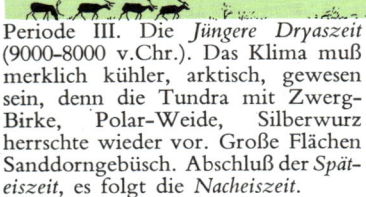

Periode III. Die *Jüngere Dryaszeit* (9000–8000 v.Chr.). Das Klima muß merklich kühler, arktisch, gewesen sein, denn die Tundra mit Zwerg-Birke, Polar-Weide, Silberwurz herrschte wieder vor. Große Flächen Sanddorngebüsch. Abschluß der *Späteiszeit*, es folgt die *Nacheiszeit*.

Silberwurz, Drýas octopétala

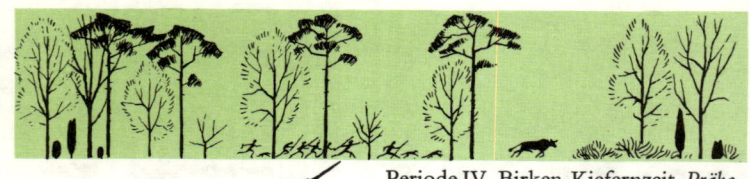

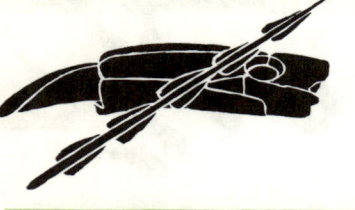

Periode IV. Birken-Kiefernzeit, *Präboreal* (Perioden IV-VI, 8000-5500 v. Chr.). Trockenes Festlandsklima mit steigender Temperatur. Zitter-Pappel, Sanddorn, Hänge-Birke und Wald-Kiefer. Dazwischen eine Strauchschicht aus Weide, Wacholder, Traubenkirsche und Himbeere. Ulme und Eiche erreichen unser Gebiet.

Periode V. Haselzeit, *Boreal*. Das Klima ist ein warmes Festlandsklima. Ausgedehnte Kiefern- und Haselwälder herrschen vor. Es erscheinen Winter-Linde, Schwarz-Erle, Schneeball, Mistel und Efeu.

Periode VI. Übergangsperiode zur Eichen-Mischwald-Zeit, *Älteres Atlantikum*, mit warmem Festlandsklima. Es überwiegen immer noch ausgedehnte Kiefern- und Hasel-Wälder, aber die Kurve für die Schwarz-Erle steigt stark. Gleichzeitig nehmen Ulme und Eiche rasch zu. Es wandern Faulbaum und Roter Hartriegel ein. Die Kräutergemeinschaften werden vom Wald verdrängt. Die Festlandzeit endet. Das Klima wird feuchter.

Periode VII. Eichenmischwaldzeit, *Atlanti-kum* (5500–2500 v. Chr.) mit warmem, feuch-tem Klima. Die Kiefer wird von Eiche, Ulme, Linde verdrängt. Unterwuchs aus Hasel, Schwarz-Erle, Kirsche, Zweigriffeligem Weiß-dorn, Schneeball, Himbeere, Stechpalme. Mi-stel und Efeu weit verbreitet. Buche und Tanne erscheinen.

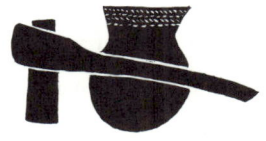

Periode VIII. Eichenmischwald-Buchen-Zeit, *Subboreal* (2500–400 v. Chr.). Wieder stärker festländisches Klima mit kälteren Wintern, aber noch warmen Sommern. Der Efeu geht zurück, die Mistel ist noch weit verbreitet. Ulme und Linde nehmen ab, die Eiche domi-niert im Waldbild, die Esche ist als Mischholz zu finden. Die Hasel tritt stark hervor. Der Mensch rodet den Wald und bebaut den Bo-den, Heideflächen breiten sich aus, Pollen ver-schiedener Getreidearten und vom Wegerich konnte nachgewiesen werden.
Abschluß der nacheiszeitlichen Wärmezeit.

Periode IX. Buchenzeit (von ca. 400 v. Chr.), *Subatlantikum*. Klimawechsel: die Niederschläge erhöhen sich und die Sommertemperaturen sinken – unser jetziges kühl-feuchtes Klima entwickelt sich. Buche, Tanne und Hainbuche dominieren; Birke, Zitter-Pappel und Wachol-der treten hervor; die Eiche geht zurück. Hoher Pollenanteil der Kulturpflanzen.

Der Mensch und der Wald

Neben dem Klima hat auch der Mensch durch wechselnde Nutzung des Bodens großen Einfluß auf die Entwicklung der Wälder ausgeübt.

Die Ureinwohner auf deutschem Boden waren Sammler und Jäger, sie hinterließen in der Zusammensetzung des Waldes keine Spuren. Die an der Wende von der Alt- zur Jungsteinzeit einwandernden Ackerbauern siedelten sich anfangs an lichten und waldfreien Stellen an, die sie nicht zu roden brauchten und deren Boden sich für den Ackerbau am besten eignete. Das Vieh trieben sie zum Weiden in die umliegenden Wälder. Bald begannen sie, diese durch Abbrennen oder mit der Steinaxt, die sie zu einem hervorragenden Fällwerkzeug entwickelten, zu roden und Felder anzulegen. Da der Boden nicht gedüngt wurde, war er nach kurzer Zeit erschöpft, und es mußte ein neuer Wohnplatz gesucht werden. Auf den verlassenen Äckern breiteten sich erneut Wälder aus. Als erste Gehölze kamen Birke und Hasel, die später durch echte Waldbäume, wie Buche und Eiche, verdrängt wurden.

Im Laufe der fortschreitenden Besiedlung wurde in großen Teilen Mittel- und Süddeutschlands neues Acker- und Weideland geschaffen. Während ursprünglich unser Gebiet fast vollkommen mit Wald bedeckt war, fanden die Römer, als sie in den süddeutschen Raum vorstießen, schon etwa ein Viertel der Fläche in Kulturland umgewandelt vor. In Flußtälern und Niederungen rodeten sie weitere große Gebiete und legten Äcker, Obst- und Weingärten an.

Zur Zeit der Völkerwanderung verödeten diese Gebiete zum Teil, und der Wald breitete sich wieder aus. Doch diese Zeit dauerte nicht lange. Während der Herrschaft der Karolinger begann die sogenannte Große Rodungsperiode, in der der Wald annähernd auf seine heutige Verbreitung zurückgedrängt wurde. Zuerst wurden in Süddeutschland die schon von den Römern gerodeten Gebiete wieder unter den Pflug genommen. Von den Tälern aus drangen die Siedler in die Gebirge vor und gründeten überall neue Dörfer, deren Namen noch heute häufig auf -roden und -schlag enden. Zuletzt wurden ausgedehnte, ursprünglich von Slawen bewohnte Gebiete in Mittel- und Ostdeutschland besiedelt.

Auf diese Zeit der großen Rodungen folgte eine Periode, in der viele Siedlungen wieder aufgegeben und zu Wüstungen wurden; denn man hatte teilweise Boden kultiviert, der bei der damals einfachen Wirtschaftsform rasch verarmte und sich deshalb nicht auf die Dauer für die Landwirtschaft eignete. Auch Seuchen und Kriege vertrieben die Bewohner und zerstörten manches Dorf. Viele solcher «Wüstungen» entstanden im Dreißigjährigen Krieg. In den darauffolgenden Jahrzehnten stieg der Holzverbrauch stark an. Während man vorher den Bedarf meist aus den umliegenden Wäldern decken konnte, mußte nun Brenn- und Bauholz für die ständig zunehmende Bevölkerung von immer weiter entfernten Plätzen geholt werden. Das meiste Holz benötigte die aufblühende Industrie, da man zur Verhüttung der Erze vorwiegend Holzkohle verwendete. Als diese um die Mitte des vorigen Jahrhunderts vom Steinkohlenkoks weitgehend abgelöst wurde, verlangten die rasch wachsenden Städte große Mengen wertvollen Bauholzes, so daß der Holzverbrauch weiter anstieg. Mit dem zunehmenden Verbrauch und der wechselnden Verwendung des Holzes änderte sich auch die Bedeutung, die Zusammensetzung und das Aussehen unserer Wälder. Bis zum Mittelalter überließ man den Wald weitgehend sich selbst. Die wichtigen Holzarten blieben stehen, nur die minderwertigen wurden als Brennholz geschlagen. Als wertvoll galt vor allem die Eiche. Sie lieferte das beste Bauholz für Fachwerkbauten. Noch größer war die Bedeutung der lichten Eichenwälder, in denen Gras und Sträucher wachsen, als Viehweide; die Eicheln bildeten die Grundlage für die Schweinemast. Daher wurde die Eiche bevorzugt gegenüber der in Deutschland vorherrschenden Rot-Buche, die dichte, dunkle, für den Weidebetrieb weniger geeignete Wälder bildet und nur als Feuerholz und in der Köhlerei Verwendung fand. Als Viehfutter waren auch die Triebe der Ulmen, der Hainbuche und vor allem der Esche sehr geschätzt. Das regelmäßig in die Wälder getriebene Vieh ließ keinen Jungwuchs aufkommen und das Ergebnis waren lichte, parkartige Wälder. Durch die Beweidung wurden dem Boden ständig Nährstoffe entnommen, und er verarmte mehr und mehr. Das Futter wurde knapp und der ständig steigende Holzbedarf konnte nicht mehr befriedigt werden.

Deshalb ging man an einzelnen Stellen schon im späten Mittelalter zur sogenannten Niederwaldwirtschaft über. Man hielt das Vieh nach dem Holzeinschlag einige Jahre fern, damit die Stubben austreiben und Jungpflanzen heranwachsen konnten. Alle 15-25 Jahre wurden die dünnen Stämme zu Brennholz geschlagen. Die Niederwälder bestanden zum größten Teil aus Hainbuchen, Linden, Ahorn, Eschen und Haseln, da diese Gehölze das häufige Abschlagen am besten vertragen und leicht wieder austreiben. Niederwälder kann man noch heute im Rheinland und im Schwarzwald gelegentlich antreffen. Früher spielte auch die Gewinnung von Eichenrinde für die Gerberei aus Eichenniederwäldern eine große Rolle.

Als das Bauholz immer knapper wurde, ging man dazu über, einzelne Bäume, meist Eichen, als «Überhälter» stehen zu lassen. So entstanden die lichten Mittelwälder mit dichtem Unterholz, das wie in den Niederwäldern regelmäßig geschlagen wurde. Heute findet man anstelle dieser beiden Waldformen, die bis ins vorige Jahrhundert hinein vorherrschten, fast überall Hochwälder. Sie liefern mehr und wertvolleres Holz. Anfangs wurden sogenannte Monokulturen, Pflanzungen, die nur aus einer Baumart bestehen, bevorzugt. Das hat viele Nachteile. In solchen reinen Beständen können sich Schädlinge massenhaft vermehren und Schaden anrichten. Besonders große Verheerungen haben der Borkenkäfer, die Nonne und der Kiefern-Spanner verursacht. Ihretwegen mußten bei Epidemien oft ganze Waldgebiete abgeholzt werden. Heute kann man die Vermehrung dieser Schädlinge durch Verwendung von Schädlingsbekämpfungsmitteln verhüten, doch sind diese Mittel teuer und vernichten oft in gleichem Maße nützliche Insekten und hin und wieder auch andere Tiere. Das Gleichgewicht in der Natur wird dabei weiter gestört. Besonders ungünstig hat es sich ausgewirkt, daß man die Fichte und Kiefer auch in Gegenden, in denen sie nicht natürlich vorkommen, in Reinbeständen angepflanzt hat. Reine Nadelholzwälder verschlechtern den schon durch die Überbewirtschaftung ausgemergelten Boden weiter. Die harzreichen Nadeln verwesen nur schwer und bilden am Boden eine dicke Rohhumusschicht. Sie ist reich an Säuren, die mit dem Regenwasser versickern und die Nährstoffe aus dem Boden auswaschen. Dadurch erleidet er Schaden, der nicht wieder gutzumachen ist. Der Forstmann geht heute wieder dazu über, den reinen Nadelwäldern Laubhölzer beizumischen.

Hochwälder können auf verschiedene Weise genutzt werden. Bei Monokulturen überwiegt in der Regel der Kahlschlagbetrieb. Dabei werden größere Flächen auf einmal eingeschlagen und neu bepflanzt. Unter dieser Wirtschaftsform leidet der Boden jedoch sehr stark, da er eine Zeitlang Sonne und Regen schutzlos ausgesetzt ist. Heute versucht man nach Möglichkeit zum «Plenterbetrieb» oder zum «Femelbetrieb» überzugehen. Beim «Plenterbetrieb» setzt sich der Wald aus Bäumen aller Altersstufen zusammen, und es werden stets nur einzelne, ausgewachsene Stämme entnommen. Beim «Femelbetrieb» schlägt man kleine Gruppen und hält dadurch den Schaden am Boden möglichst gering.

Während man früher nur an den augenblicklichen Nutzen dachte, hat man heute eingesehen, daß nur ein dem natürlichen Wald nahekommender Forst auf lange Zeit hin einen gleichbleibenden Ertrag liefert.

Waldbaumzüchtung

Wie die Gärtnerei und die Landwirtschaft arbeitet auch die Forstwirtschaft in neuester Zeit an der Züchtung besserer Baumsorten.

Die Grundlage für jede Züchtung sind kleine oder größere Unterschiede zwischen Pflanzen einer Art. Wie jeder Mensch sich vom anderen durch viele Merkmale unterscheidet (Haarfarbe, Augenfarbe, Geschmacksinn, Musiksinn usw.), so gleicht auch z.B. nicht jede Buche einer anderen. Diese individuellen Unterschiede wirken sich so aus, daß manche Bäume besser als andere zu bestimmten Zwecken geeignet sind, wie es auch bei uns Menschen der Fall ist. Nicht jeder Mensch ist zum Beispiel genauso musikalisch wie der andere.

Wie der Lehrer in einer Klasse die musikalischen Schüler für den Schulchor auswählt, so kann der Züchter Bäume auswählen, die für bestimmte Verhältnisse besonders gut geeignet sind.

Bei der Rot-Buche z.B. fallen viele Unterschiede bei näherem Studium ins Auge. So treiben die Blätter bei einem Teil der Bäume spät, bei einem anderen zeitig aus. Ähnlich verhält es sich mit dem Laubfall. Auch der Wuchs der Bäume ist verschieden; einige sind schlank mit bis zur Spitze durchlaufendem Stamm, bei anderen verzweigt sich der Stamm weit unten. Bei einigen Bäumen gehen die Zweige im spitzen Winkel vom Stamm ab, und es entstehen lange Astlöcher im Holz, bei anderen ist der Zweigwinkel weniger spitz und das Holz wird wertvoller.

Diese Abweichungen sind oft erblich. Man kann nun Bäume mit den gewünschten Eigenschaften auswählen und, indem man sie immer wieder miteinander kreuzt, neue Sorten züchten.

Der Begründer der Vererbungslehre war der österreichische Augustinermönch Gregor Mendel, der in den Jahren 1857-64 aufgrund planmäßiger Kreuzungsversuche, besonders mit Erbsen, die Vererbungsgesetze entdeckte. Danach werden bestimmte Merkmale nach ganz festen, für Pflanzen und Tiere geltenden Regeln an die Nachkommen weitergegeben.

Zu jedem Merkmal können jedoch nur die Anlagen vererbt werden, nicht die Merkmale selbst. Manche Anlagen treten unter bestimmten Bedingungen nicht in Erscheinung, sondern bleiben verborgen. Und andere, nicht erblich bedingte Merkmale können neu auftreten.

Das bedeutet, daß man zwischen anlage- (genotypischen) und umweltbedingten (phänotypischen) Merkmalen unterscheiden muß.

Folgendes Beispiel soll dieses Problem verdeutlichen. Von einer bestimmten Primel-Art gibt es eine rotblühende Rasse. Bringen wir eine solche Pflanze in ein Gewächshaus mit hohen Temperaturen, werden die Blüten, die sich danach entwickeln, weiß, das heißt, die äußeren Umstände (hier die hohen Temperaturen) haben ein Merkmal der Pflanze verändert. Das Merkmal ist also umweltbedingt.

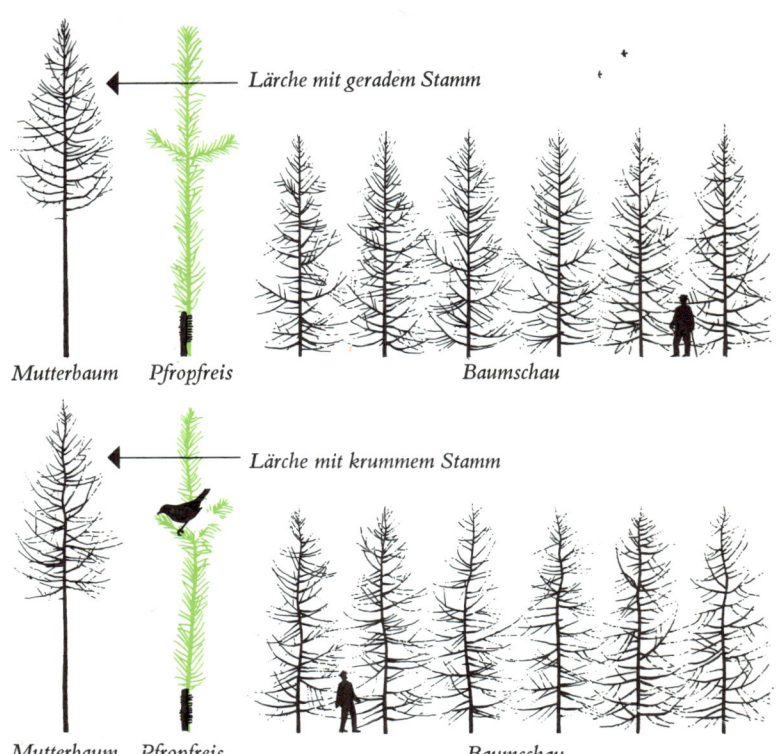

Lärche mit geradem Stamm

Mutterbaum   Pfropfreis   Baumschau

Lärche mit krummem Stamm

Mutterbaum   Pfropfreis   Baumschau

Die Erbanlage ist jedoch unverändert; denn die Pflanze bekommt wieder rote Blüten, wenn sie an einen kälteren Ort zurückgebracht wird. Auch die Nachkommen, ob man nun Samen einer veränderten weißblühenden Pflanze oder von einer normal rotblühenden sät, blühen stets wieder rot, wenn sie unter normalen und weiß, wenn sie bei höheren Temperaturen gezogen werden. Es ist also nur der Phänotyp, nicht der Genotyp verändert worden.

Die für die Forstwirtschaft wertvollen Merkmale der Buche, der hohe, schlanke und glatte Stamm, sind in hohem Grade genotypisch und phänotypisch bedingt. Wir können, wenn wir den Baum betrachten, nicht beurteilen, welche Merkmale erblich sind. Wir müssen also den Sachverhalt näher untersuchen. Das kann auf verschiedene Weise geschehen. Nach der einen müßten wir den Samen des Baumes ernten, ihn unter verschiedenen Bedingungen aussäen und dann den Baum nach seinen Nachkommen beurteilen. Dieser Weg ist jedoch für die Praxis zu lang und umständlich, da die Bäume zu langsam wachsen, und im Jugendzustand kann man einen Baum nur schwer beurteilen.

Nach einer zweiten Methode werden die Bäume in einer sogenannten Baumschau geprüft. Dabei geht man so vor, daß man mehrere Propfreiser von verschiedenen Bäumen nimmt, sie reihenweise auf Unterlagen propft und unter gleichen Bedingungen wachsen läßt. Auf diese Weise kommen die Unterschiede sehr klar zutage, und man ist in der Lage, den Baum auszuwählen, der die Eigenschaften besitzt, die man wünscht (siehe Zeichnung Seite 217).

Eine Anzahl von Pflanzen, die durch vegetative Vermehrung (durch Propfen, Stecklinge, Ableger oder Teilen) von einem Individium stammen, wird *Klon* genannt. Als Beispiele dafür können aus dem Gartenbau Apfel-, Erdbeer- und Kartoffelsorten genannt werden.

Die Klone von Waldbäumen werden selten direkt in Wäldern gezogen, sondern meist in Baumschulen. In diesen sieht man zwei oder mehrere gute Bäume, läßt sie sich gegenseitig bestäuben und erntet die Samen. Dadurch kann man aus Samen eine große Menge Pflanzen mit gleichen Eigenschaften ziehen.

Was macht man aus Holz?

Industrieholz
(1 Raummeter)

Bauholz

Rundholz
(Feuerholz)

Holzscheite
(Feuerholz)

Geschälter
Stamm
(Bauholz)

Knüppel
(Feuerholz)

Außer der direkten Verwendung (als Bauholz, für Möbel, Streichhölzer, Verpackung, Holzwolle usw.) wird Holz in sehr großem Umfang in der chemischen Industrie verarbeitet, wo man durch verschiedene Prozesse u.a. folgende Produkte herstellt:

Papier, Pappe, Karton

Isoliermaterial

Fasern (Viskose)

Cellophan

Celluloid

Nitrolack

Celluloseleim

Terpentin

Harz

Holzkohle

Alkohol

Holzessig

Azeton

Holzteer

Ruß

Parfüm

Gerbstoffe

Zucker

Vanilin

Register

Literaturverzeichnis

Beissner, L. und J. Fitschen:	Handbuch der Nadelholzkunde, 3. Auflage, Berlin 1930.
Fitschen, J.:	Gehölzflora, 5. Auflage, Leipzig 1955.
Hegi, G.:	Illustrierte Flora von Mitteleuropa, 13 Bände, München 1906-1931; 2. Auflage im Erscheinen.
Krüssmann, G.:	Die Laubgehölze, 2. Auflage, Berlin und Hamburg 1960.
Krüssmann, G.:	Die Nadelgehölze, 2. Auflage, Berlin 1951.
Krüssmann, G.:	Handbuch der Laubgehölze, 2 Bände, 1. Auflage, Berlin und Hamburg 1960 und 1962.
Morgenthal, J.:	Die Nadelgehölze, 3. Auflage, Jena 1955.
Schenck, C.A.:	Fremdländische Wald- und Parkbäume, 2 Bände, 1. Auflage, Berlin 1939.
Schneider, C.:	Illustriertes Handbuch der Laubholzkunde, 2 Bände, 1. Auflage, Jena 1902-1912.